JN024044

規制改革の未来

地方創生の経済政策

規制改革の未来

地方創生の経済政策

岸 真清・島 和俊・浅野清彦・立原 繁 著

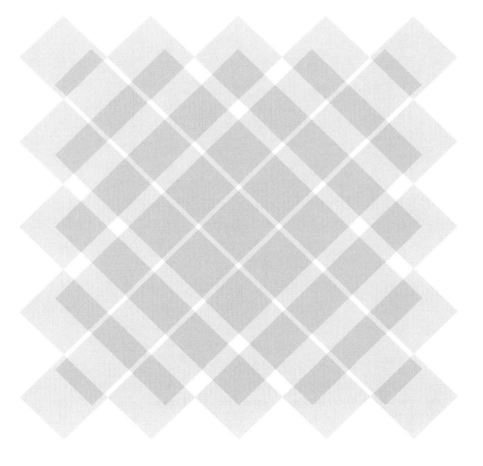

東海大学出版部

The Future of Regulatory Reform: Economic Policies for Regional Revitalization

KISHI Masumi, SHIMA Kazutoshi, ASANO Kiyohiko and TACHIHARA Shigeru
Tokai University Press, 2020
Printed in Japan
ISBN978-4-486-02192-6

はしがき

　地域経済の活性化が喫緊の課題になっている．人口減少・高齢化問題が日本の経済・社会にのしかかる中で，地域社会は人口流失に悩んでいる．この状況を打開する牽引車として期待されるのが，コミュニティビジネスではないのだろうか．その理由は，コミュニティビジネスが住民（市民）の労働への自主的，積極的な参加を促し，特に高齢者の知識や貯蓄を活用することによって，生き甲斐のあるコミュニティを構築する役割を持っていると思われるからである．また，コミュニケーションが密なコミュニティにおいて，アイデアと技術革新を生む可能性を信じることができるからである．

　実際，地方の環境は変わりつつある．第一に，官から民への流れに沿って，官の中では地方自治体（地方政府），民の中では個人の参加が目立つようになっている．第二に，新しい特産品の生産や観光サービスなどの提供が活発化している．また，高度な部品産業などのニッチ生産が行われるようになり，域内だけでなく海外にも輸出される事例も増えている．すなわち，地域発グローバル化と地域内での循環が両立する多様化が進展しつつある．第三に，電子化社会がコミュニティビジネスを活性化する可能性が高まっている．インターネットを通じた地域ブランドの再生，新製品の開発・販売や，クラウドファンディングなど新しい資金チャンネルが収益の獲得を目指す小規模な取引を活性化するものと思われる．

　コミュニティビジネスは，営利型の中小企業・小規模事業，ベンチャービジネス，農業などの営利型のビジネスだけではない．医療・介護，教育・子育て，環境保全業務のような非営利型のソーシャルビジネスも含まれるが，これらのビジネスの中でも，政府の補助金に依存することなく，自ら組織を維持しようとする営利活動が見られるようになっている．しかし，コミュニティビジネスは営利型，非営利型を問わず，資金調達に苦しむことが多い．この課題を克服する有効な手段であるNPO・NPOバンクなどとの協業を促進する規制緩和が望まれる．

　これまで，日本に限らずアジア諸国は，経済規制が強い反面，プルーデンス規制（情報公開，自己資本規制，格付けなど）や情報規制（金融商品の価格と

数量を会計・監査基準にしたがって報告する義務）が弱いといわれてきた．徐々に改善されつつあるとはいえ，市民・住民を保護するプルーデンス規制および情報規制の強化を前提としたさらなる経済規制緩和が待たれるところである．

　市民・住民を主役とする経済社会を理想とする本書は，日本の法令を具体的に取り上げ，また，米国，英国の規制の事例も参考にしながら，地方創生への道を辿ることにする．そのため，本書を以下の様に構成する．

　第1章では，まず，第1節において，政府の経済への介入とその問題点を整理・検討する．次いで，第2節は，異なる経済理論と政府の役割の位置付けを比較し，レーガノミクスとサッチャリズムの体験を通じて，「大きな政府」による政府主導の経済社会の運営方式の限界を指摘する．また，第3節では，我が国で行われてきた規制改革について，その背景と政府の役割の再検討，規制改革の過程，等について検討する．そして，第4節では，地方分権化が推進される中で地域振興を進めるためには，少子高齢化や国際化という背景の下で，その地方の実情を踏まえて地方の活性化を実現する必要があり，地方自治体が国や住宅の協力を得て地域振興に取り組むべきであることを指摘する．

　第2章は，地方創生の牽引車と思われるコミュニティビジネスに期待をかけ，それを支える資金調達の方法を考察する．最初に，地域経済の課題を指摘した後，第2節で……地域経済を重視する学説を参考にして，コミュニティビジネスに潜在する収穫逓増の可能性を論じる．次に，第3節は，中央・地方政府の資金チャンネル，また，第4節は，民間金融機関および市民の直接参加，さらに新しい資金チャンネルである少人数私募債とクラウドファンディングの役割について述べる．そして，第5節において，家計のバランスシートに基づいて市民参加の可能性を検討した後で，米国の事例を参考にして，市民の直接参加を促進，保証する適切な規制の在り方を提案する．

　第3章では，第1節において，日本郵政，日本郵便株式会社，株式会社ゆうちょ銀行，株式会社かんぽ生命を中心にした日本郵政グループ誕生までの経緯を示すとともに，郵便・物流事業，金融窓口事業，国際物流事業，銀行業，生命保険業などの事業を検討する．続いて，第2節，第3節，第4節は，それぞれ，地域社会・経済活性化を実現する郵便局の役割を論じる．そのうち，第2

節と第3節は，郵便局のユニバーサルサービスの意義を説いた後で，持続を可能にする条件を収益力向上に求め，郵便料金などコストをカバーする手段を具体的に考察する．そして，第4節において，コミュニティビジネスの経営に着目した上で，地域特性を活用する事業展開，また行政サービスやポータルサイトの創設など自治体との協業の必要性を提案する．

第4章では，第1節において，消費者のニーズと企業のシーズを一致させることが現実には難しいことを指摘，従来のマーケティング論に疑問を投げかける．第2節では，地方創生に貢献する自社資本の小売業に着目する．そして，事業の成功の鍵は立地にあり，当該地域の実態にあわせたマーケティング戦略が有効であると考える．続いて，第3節と第4節において，それぞれ，地方企業の国際化・グローバル展開，ソーシャルマーケティングに目を向ける．すなわち，他国に進出する場合も環境問題など社会的な活動への要請が高まるが，ソーシャルマーケティングを実施するにしても，営利企業が社会的責任を果たすケースと非営利団体が組織を維持するためにマーケティングを行うケースがある．しかし，マーケティング活動が社会全体に大きな影響を与えるだけに，第5節において，マクロマーケティングの視点が不可欠であると主張する．

本書の出版に当たり，編集をお世話下さった東海大学出版部・稲英史氏に御礼申し上げたい．また，長年にわたり，私達4名の私的研究会で，学問上の刺激を与え続けて下さった島和俊先生，浅野清彦先生，立原繁先生に御礼申し上げる．

研究会が立ち上がったのは，1994年に中央大学において金融学科が新設され，私が東海大学政治経済学部から中央大学商学部に移籍した時であった．その3年前に，The American Committee on Asian Economic Studies（ACAES）と東海大学共催の国際会議において，同輩の島先生，後輩の浅野先生，立原先生と一緒に働き意気投合していたので，「せめて勉強会でも開こうでは」ということになった．そして，『市民社会の経済学』（中央経済社，2000年），『市民社会の経済政策』（税務経理協会，2006年），『自助・共助・公助の経済政策』（東海大学出版会，2011年），『ソーシャル・ビジネスのイノベーション』（同文舘出版，2014年），『基本観光学』（東海大学出版部，2017年）を出すことができた．各社の皆様に，改めて，御礼申し上げたい．

本書執筆者の専門分野は，島先生の財政学，浅野先生のマーケティング，立原先生の経営学，私の金融論とそれぞれ異なっているが，市民主役の社会構築と適切な規制のあり方の研究ということでは，共通した意識を堅持してきたつもりでいる．

　本書が，学部および大学院の学生の皆さんや，地方創生問題に興味をお持ちの方々のお役に立てば，幸いである．

2020年3月

岸　真清

目次

第3章　郵政事業の規制緩和と未来……………………………… 立原　繁　109

第4章 地方創生のマーケティング政策 …………………… 浅野　清彦　137

第1章　規制改革と地域振興

1．政府の介入と問題点

1.1　経済への政府介入

　経済社会において，一国の経済活動は大まかにいって家計部門と企業部門，そして政府部門とによって構成されている．家計はその欲求を最大限に充足するように行動し，企業はその利益を最大限にするように行動する．そして，国や地方自治体等を含めた公共部門としての政府は，家計や企業等が市場を通じてそれらの活動を円滑に行えるようにしたり，何らかの問題が生じた際には，それらを解決したりするように行動する．家計や企業の以上のような活動は主として市場を通じて行われる．古典派経済学の創始者であるアダム・スミス（A. Smith）は，市場経済はいわば「見えざる手（invisible hand）」が私的利益と公共の利益を最も効率的に調和させることのできる仕組みであると主張した．市場経済は，長期にわたって，社会の諸資源を効率的に配分する仕組みとして，かなりの程度まで有効に機能してきた．

　しかし，市場経済が社会の資源を効率的に配分するという機能は，社会の人々の間に完全な情報が行き渡っており，また，市場において競争が完全に行われていることが前提となっている．それゆえ，市場が未整備であったり，市場における競争が不完全であったりする場合には，市場を通じた資源配分は必ずしも効率的であるとはいえないことになる．さらに，仮に市場が完全競争の状態であったとしても，市場を通じた資源配分が社会的に見て望ましい結果をもたらすとは限らないであろう．また，社会の大多数の人々が必要だと考えている財やサービスであるとしても，民間企業から見れば十分な利潤が得られない場合には，その種の財やサービスは不十分にしか供給されなかったり，あるいは，まったく供給されなかったりするかもしれない．このような諸問題[1]に適切に対処するために，公共部門としての政府の介入が要請されるようになった．

政府が国民経済に介入する根拠として，まず，市場が未発達であったり，十分に整備されていなかったりする状態では，それをすみやかに整備していくことが挙げられる．そのことは，国民経済の発展のためにも国民生活の向上のためにも必要となってくる．たとえば，金融市場や資本市場が十分に整備されていない国では，企業は投資資金を調達するのが容易ではないので，それだけ経済発展には不利であるといえる．そして，このような市場の設立や整備は民間の努力だけでは困難であるから，結局，政府がその種のインフラの整備に乗り出すことが必要となってくる．

　政府が国民経済に介入する根拠として，次に，市場における競争が不完全な状態にあり，それが資源配分の面で非効率であったり，一般の人々に不利益をもたらしたりする場合に，それらを是正することがある．現代では，非常に多くの産業分野において少数の大企業が市場を支配することが一般的になってきている．すなわち，寡占や独占の存在である．経済の広範な分野で寡占や独占が支配的になれば，価格は硬直的になり，市場経済のモデルで想定されていた資源の効率的な配分の機能には歪みが生じてしまう．それゆえ，このような場合には，政府が市場に介入してその歪みを是正することが，円滑な市場活動のために必要になってくる．

　政府は，また，市場を通じて決定された分配についても，その結果が社会的に見て望ましくない場合には何らかの措置を講じることがある．市場経済においては，人々の能力に応じてそれぞれが報酬を受け取ることが基本となっている．そのことはある意味では公平ということができるが，他方で，能力の低い人々やチャンスに恵まれない人々は，最低限の生活をしていくために必要な所得をも受け取れないケースも生じる．大多数の国民が社会的公正や福祉の見地からそのような人々を救済すべきだと判断した場合には，政府は，公的扶助や福祉サービスの提供，社会保険制度の導入等によって，政府はその是正のために介入する．

　さらに，政府は，特定の産業分野の活動に介入することもある．その典型的なケースが公益事業への関与である．多くの公益事業においては，その起業の初期に非常に巨額の設備投資が必要である．また，そのような産業では，供給のための平均費用が逓減していくのに長い期間を要するであろうから，一定の生産水準に到達するまでは利潤を得られる見込みが立たない．したがって，民

間企業がこのような分野に積極的に参入することには抵抗があるかもしれない．しかし，社会的な見地からその種の産業による財やサービスの供給が必要であると判断されれば，政府は，たとえば補助金を与えることによってそのような産業活動を奨励し，それと同時に，その分野における供給が過剰にならないように新規参入を抑制することが必要になってくる．他方で，公益事業は一定の地域で独占的に活動することになるから，一般消費者が不利益を受けないように，その価格（料金）の決定についても何らかの規制を加えることが必要となってくる．

　政府は，また，幼稚産業を保護したり育成したりするための政策的介入を行うことがある．すなわち，その国の経済において将来的に重要な役割を果たすと考えられるが現状では十分に発達していないような産業を保護・育成するために，輸入の制限をしたり，長期・低利の資金を融資したりすることによって，その種の産業の発展を後押ししている．これらの政策は，将来性はあっても企業にとってはリスクがかなり大きい分野への自発的な参入を容易にすることを意図している．このように，国民経済の将来を見通した長期的な観点からの政策は，経済発展の過程で政府の重要な役割の1つである．さらに，政府は，特定の産業を維持したり存続させたりすることを意図して，輸入制限のほかに価格支持政策を採用したりすることもある．たとえば，農業においては，従来，多くの国々でこのような政策が採用されている．その理由としては，その産業の存続が国民にとって利益が大きいという社会的判断に基づいている．

　以上のほか，政府は，外部経済（external economies）を生ずるような産業に対しても，その活動を奨励するために補助金の交付という形で関与している．すなわち，市場を通じて供給される財やサービスの中には，経済取引の当事者ばかりでなく，直接的には経済取引に関係しない第三者に利益や損失をもたらすことがある．教育の普及や鉄道の開通はその例であり，それらは第三者に対して何らかの利益を与えているといえよう．したがって，社会的に有意義であると評価される産業に対しては，それを奨励すべきであるという社会的な判断が行われ，国や地方自治体等が何らかの奨励策を採ることがある．その種の典型的な例が，新規の鉄道事業や学校等への補助金である．他方で，第三者に不利益をもたらすものとしては，たとえば，公害がある．公害は，直接的な経済的取引とは関係のない多くの人々に一方的に被害をもたらしてしまう．このこ

とを外部不経済（external diseconomies）という．社会的に見て，外部不経済を生み出すような経済活動はできる限り抑制した方が良いと考えられる．したがって，政府は，そのような企業の活動を抑制するために課徴金など各種の抑制策を採っている．

　そして，政府は，社会の大多数の人々がその必要性を認めているが民間の活動では供給されないような財やサービスを提供するという役割を果たしている．たとえば，国防，外交，司法等のサービスの提供は，人々が安定した生活を送るために必要不可欠なものといえる．この種のサービスは，その財の性質から，その費用を負担しない人々であってもそのサービスが受けられ，利用者から個別的に費用を徴収することができない．それゆえ，この種の財やサービスの供給は，企業等にとっては採算が合わないことになり，民間では供給されない．しかし，人々が社会生活を送るうえで必要不可欠であるとすれば，政府がそれらを提供することになる．このような性質を持つ財は，公共財（public goods）とよばれている．公共財には，それを供給するのに掛かる費用を負担しない人々であっても利用できるという「非排除性」と，他の人がそれを利用しても自分の利用する分が減るわけではないという「非競合性」という性質がある．いわば，ただで利用できるわけであるので，この種の財やサービスは，通常の市場を通じた取引では供給が不可能であり，政府がその費用を租税等の形で徴収して提供する責任を負うことになっている．

　さらに，現代の政府は，政府でなければ供給できない財やサービスに留まらず，本来，民間部門が市場を通じて供給することができる財やサービスについても，その一部を政府が提供しているケースがある．このような財やサービスは準公共財とよばれている．その例としては，住宅，医療，教育，福祉等に関する政府サービスが挙げられる．これらの財は，本来，市場を通じて供給されるものであるが，その一部については政府が供給する方が望ましいという社会的判断がなされた場合には，政府が提供することになる．低所得者向けの公営住宅は，その典型的な例であろう．住宅の売買や賃貸の市場が十分に発達していても，生活資金に余裕のない人々は劣悪な居住環境に直面せざるを得ないであろう．誰にとっても住宅が生活の基礎的条件であり，一定水準以上の住居を誰でも保証されるべきだという考えが社会の多数を占める場合には，政府が低家賃の公営住宅を提供したり，家賃の補助を行ったりする．

現代では，政府は，国民経済的観点から，マクロ経済の安定を図るために頻繁に市場経済に介入している．市場経済には無数の攪乱要因が存在するので，従来，古典派経済学で想定されていた市場価格による自動調節作用にのみ頼ることはもはや現実的ではないといえる．深刻な不況を回避したり，大幅なインフレを抑制したりするためには，マクロ政策，そして場合によっては，ミクロ政策の多様な政策手段によって，国民経済全体を見通した立場から問題の解決を図ることも政府に求められるようになっている．

　近年の政府は，以上のように，市場を整備したり，市場の欠陥を補ったりするために様々な形で民間の経済活動に介入するようになっている．また，政府は，市場経済を通じては充足できなかったり，政府が提供した方が良いと国民が判断した財やサービスをも提供しており，政府の活動範囲は次々と拡大してきている．

1.2　政府介入の弊害

　経済活動に対する政府の介入は，元来，社会の人々が何らかの根拠に基づいて要請したものであった．その意味で，政府介入は，社会的に必要と認められるだけの根拠があったといえる．しかし，各国で政府の経済への介入や規制が多くの分野で見られるようになってくると，他方で，それらによる多くの弊害が認識されるようになった[2]．

　国民経済において政府の活動範囲が次第に拡大してくると，まず，政府の規模が過度に大きくなるという問題が生じてくる．住宅や教育のような準公共財は，本来，市場を通じて供給されるものであるが，一度政府によって提供されると，次第に人々はそれを当然のことと見なすようになってくる．その結果，一般的に生活水準が向上しても，また，政府の財政状況が悪化しても，従来通りサービスを受けることを既得権として主張する傾向が強い．政府は常に新しい政策課題に対応していかなければならないから，政府の支出内容を厳しく見直す努力を続けなければ，政府の規模は肥大化してしまうことになってくる．過度に大きくなった政府支出を維持するためには，結局，国民の租税負担の増加という形で賄わなければならなくなる．

　政府活動の膨張は，次に，政府の財政赤字を増大させることになる．高度成長期のように，政府の活動が活発になることによって民間の経済活動が活性化

し，それに伴って，租税収入が増加するならば，財政赤字はあまり問題にならないであろう．ところが，経済が高度に成熟化し高成長が困難な状況になると，租税収入の伸びは鈍化せざるを得ない．それゆえ，政府活動の範囲が拡大していけば，財政収支は均衡を維持できなくなり，財政赤字が増加してしまう．それは，世界各国で共通して見られる現象である．

　政府の活動範囲が過度に拡大してくると，国民経済の観点からすれば，様々な非効率が生じてくる．たとえば，同種の活動であっても，政府の活動は民間のものと比較すれば，経済的な効率の面で劣ることが少なくない．一般に，政府部門の活動においては，競争原理が十分に機能しないことが多いので，民間企業のように，競争社会で生き残るために懸命に努力するというような刺激が希薄である．政府活動においては利潤動機が働かないので，仕事の成果や能率を評価する客観的基準が欠けている面がある．その結果，仕事の管理責任の所在も不明確になりがちである[3]．政府活動の非効率性は，政府の活動分野が過度に大きくなり，複雑化した結果として生じたとも考えられる．現代のように政府の役割が多様になってくると，ある政策の実施がどのような効果をもたらすかが予測しがたくなってくることも少なくない．すなわち，政府がある観点から国民のためになると考えて実施した政策が，当初に期待したような効果をもたらさなかったり，別の観点からの政策と衝突したりすることも起こってくる．その場合には，政府の政策効果は大幅に減殺されたり，あるいは，ほとんど効果が無くなってしまったりして，結果的に無駄な経費支出を生じさせることになる．

　民主主義社会においては，政府は，その実行する政策に沿うように民間の企業や個人等が行動するように強制することはできないので，政府の活動には自ずから限度がある．個人や企業が市場を通じて活動する場合には，それぞれ，効用の最大化と利潤の極大化というような動機が働くけれども，そのような誘因のない公共政策の実施においては，民間の人々がそれに対して協力的な行動をとるという保証はない．それゆえ，政府の政策の効果は限定的となりがちである．

　また，議会で決定された政策が，その遂行の過程で，当初に意図した効果を十分に達成できないケースがしばしば指摘される．その主たる要因は，議会と行政府とりわけ官僚との解釈や意見の相違に基づくものである．一般に，議会

6

で決定される政策は，その目的や意図，大まかな基準等については明確であっても，具体的な実施手続きや細部については行政当局に委ねられることが多い．その結果，その政策を行政の場で担当する官僚の裁量の余地がかなり大きくなっている．仮に，その際の官僚の判断と議会そして国民の判断との間に乖離があるとすれば，それは重大な問題であろう．大胆な改革を伴うような政策は，事なかれ主義や減点主義による考課が行われている状況のもとでは，なかなか実施されない可能性があるであろう．

さらに，議会において政策に関わる意思決定を行い，政府活動に影響力を持つ政治家の行動についても，国民全体の観点からすれば，問題となることがある．政策の実施は，本来，国民ないし住民全体の利益のためになされるべきものであるが，実際には，特定の一部の人々のために実施されている政策も見られる．政治家は，自己の直接的な利益に結びつくわけではないとしても，自分を支持してくれる特定の地域住民や特定の利益集団のために行動することが少なくない．しかしながら，そのような意図に基づく政策は，国民全体の立場からすれば，むしろ不利益をもたらすこともある．

以上のように，政府が経済社会の様々な分野に介入し，また，その度合いを高めるとともに，様々な問題点が指摘されるようになっている．政府の介入は，本来，国民経済の発展のためや国民生活の向上のために実施されてきた．そして，その導入の際には，一定の政策効果も認められてきた．しかしながら，政府の活動範囲が拡大してその影響力が強まるのに伴って，政府の介入による問題点も次々と指摘されてきた．政府による介入の1つの有力な手段である各種の規制についても，その様々な弊害も指摘されるようになっている．政府規制の有効性とその問題点については，今後，広範に見直しを行って，依然として，必要な規制と必要性の薄れたものとを峻別することが重要になってくる．

2．政府規制の緩和と改革

2.1　経済理論と政府

古典派経済学では，国民経済には市場を通じて自動調節作用が働くので，政府は均衡財政を維持し，しかも市場経済に介入しない「小さな政府」が望ましいと考えられていた．しかし，社会的弱者の救済や経済発展の促進，そして，

経済の安定化を図るために，次第に，政府は経済的・社会的役割を増加させ，それに伴って政府による規制の分野も拡大してきた．とりわけ，経済理論的には，ケインズ経済学の普及が，大幅な規制を伴う「大きな政府」をもたらす1つの重要な契機となった．

ケインズ経済学では，完全雇用の実現のためには，政府による総需要管理政策が必要であり，市場を通じて行われる金融政策よりも，直接的に有効需要を創り出す財政政策，とりわけ，公共投資の追加が重要であると考えられた．ケインズの理論は，1929年に始まる大不況や第2次世界大戦後の復興過程において非常に大きな役割を果たした[4]が，それは必然的に政府による経済活動への規制を増大させることになった．

このようなケインジアンの考え方に対して，やがて批判が出てくるようになった．とりわけ，1960年代から1970年代にかけて先進諸国においてスタグフレーション[5]が一般化してくると，従来のケインズ理論の解釈では現実の経済状況を十分には説明できなくなってしまった．

その状況の中で，ケインズ理論に対する種々の批判が出てきた．まず，市場の機能と金融政策を重視する立場に立つマネタリストは，「自然失業率仮説」[6]に基づいて，ケインズ派の自由裁量的財政政策としてのフィスカル・ポリシーが，経済の短期的局面においては一時的な効果を持つかもしれないが，長期的には財政赤字の拡大を通じてインフレーションをもたらしてしまうと考えた．それゆえ，政府は，実物経済の成長に見合う貨幣供給量を保つように努めるべきであり，「小さな政府」を維持して，できるだけ市場メカニズムに委ねるべきであると主張した．

また，企業の生産活動と期待形成について探求した合理的期待形成学派は，民間の経済主体は経済に関する知識と十分な情報を持ち，予め政策の実施を見込んで合理的に行動するから，ケインズ派の自由裁量的財政政策は，長期的にも短期的にも効果を持たないと考えた．すなわち，政府が政策を実施しても，それは民間の経済主体にとってはすでに織り込み済みであるので，もはや新たな効力は生まれてこないことになる．

さらに，経済の供給面に注目して，ケインズ理論に基づく「大きな政府」を批判し，規制緩和や減税等を通じて「小さな政府」の実現を主張したのが，サプライサイド・エコノミクス（supply-side economics）であった．この学派で

は，経済の供給面を重視し，国民経済の生産性を向上させていくための条件を整備することが重要だと考えた．そのような観点からすれば，個人所得税の限界税率が高過ぎることや，利子所得に対する課税水準が高いこと，そして，インフレーションに伴う企業の収益率の低下等が，全般的な生産性の停滞をもたらしていることになる．

すなわち，所得が高くなるにつれて個人所得税の税率が急激に上昇していくような税率構造になっている場合には，中高所得者を中心に一般的な勤労意欲の低下が生じてしまう．それは，また，貯蓄率の低下にも結びつくかもしれない．次に，社会保障に賦課方式が導入されていることも，貯蓄率の低下をもたらしている．これは，とりわけ，引退後の生活への不安が少なくなるので過剰に消費する傾向を生み出す．さらに，利子所得に対する課税水準が高いことも，人々の貯蓄意欲の低下に大きく影響していると考えられる．他方で，企業について見れば，インフレーションが進行しているために，実質的に減価償却率が減少して投資収益率が低下している．それゆえ，新たな投資意欲が阻害されていると考えられる．そして，「大きな政府」の存在自体も，民間の経済主体の活動意欲を妨げている要因であるとする．なぜなら，「大きな政府」を維持するためには多額の税収が必要であり，また，そのような「大きな政府」によって様々な規制も行われるからである．

サプライサイド・エコノミクスでは，以上のような現状分析に基づいて，政府による各種の規制の緩和，個人所得税や法人税の大幅な減税，そして，「小さな政府」の実現と市場メカニズムの活用等を提言した．すなわち，個人所得税の減税を実現すれば，個人の勤労意欲も伸びて労働供給も増加する．それは，また，公的年金や福祉支出の見直しに結びつくとともに，貯蓄率を上昇させる要因ともなるであろう．また，政府による各種の規制を緩和すれば，企業はより自由な経済活動ができるようになるから，企業の投資機会も投資意欲も増大するであろう．さらに，法人税の減税が実施されれば，企業の投資意欲は一層高まることになる．このような政府規制の緩和と減税の実施は，「大きな政府」から脱却して「小さな政府」を実現することに結びつく．それは，結局のところ，市場メカニズムの活用と個人の自助努力の刺激を促すことになる．

2.2 レーガノミクスとサッチャリズム

　先進諸国においては，とりわけ，1980年代に政府の役割について様々な面からの見直しが行われるようになった．高度成長期をすぎて低成長が普遍的になっている経済のもとでは，政府が経済社会の多分野に介入するような「大きな政府」を維持することは困難になってくるという認識が，次第に拡がってきた．それと同時に，「大きな政府」の存在が民間経済の活力を奪っているという考え方が，急速に普及してきた．このような認識は先進各国でほぼ共通しており，それを解決するための試みが各国で模索されるようになった．アメリカにおけるレーガノミクス（Reaganomics）とイギリスにおけるサッチャリズム（Thatcherism）は，このような意図に基づいた体系的な政策の代表的な例といえる．

　アメリカにおいて1980年代にレーガン大統領ので実施された一連の経済政策は，レーガノミクスとよばれている．当時のアメリカでは，福祉支出を含む巨額の政府支出が個人や企業に非常に多額の租税負担をもたらしており，また，そのような「大きな政府」による各種の規制が経済の生産性の向上を阻害していると考えられた．それゆえ，政府は，政府支出を大幅に削減し，また，大規模な減税を実施し，さらに，各種の規制緩和を行うことによって，個人の勤労意欲と企業の投資意欲を刺激し，国民経済における生産性の回復を目指そうとしたものであった．そこには，先に触れたサプライサイド・エコノミクスの考え方が採り込まれていたとされる．

　個人所得税を大幅に減税すれば，人々は可処分所得が増えるので，貯蓄に回す部分も増えるであろう．また，法人税の減税と政府規制の緩和は，企業の活動範囲を拡大し収益力の向上をもたらす．それゆえ，増加した貯蓄を活用して，一層大幅な投資活動が見込まれる．その結果，政府の租税収入も増加して，財政赤字の削減が可能になる．このような想定に反して，実際には，国防費の大幅な増加や民間の資金供給の逼迫もあって，財政赤字は拡大してしまった．それゆえ，レーガノミクスは失敗したという評価が1980年代の後半に下された．しかしながら，その後のアメリカ経済の動向を見ると，1990年代には経済は急速に回復して，驚くほどのブームに突入し，その状況が持続した．その要因を分析した結果，レーガノミクスによる各種の改革がその後の繁栄をもたらしたということが多くの立場から指摘されるようになり，その意味で，レーガノミ

10

クスは再評価されるようになった.

　イギリスにおいても，1980年代にサッチャー首相のもとで大規模な制度改革を実施した．サッチャーは，第2次大戦後に「福祉国家」の道を歩んできたイギリス社会の仕組み，とりわけ，過大になった政府の役割について根本的な見直しを行った．イギリスでは，福祉分野において政府が大きな責任を持つばかりでなく，多くの国有企業を抱えていた．そして，国有企業の経営効率は悪化していた．それらが政府の規模を過大にし，大幅な財政赤字をもたらしていた．また，イギリス経済も全体として停滞していた.

　そのような停滞から脱却するために採られた一連の改革および政策が，サッチャリズムであった．サッチャリズムの背景には，「小さな政府」を主張するマネタリストの考え方があったといわれている．サッチャリズムのもとでは，福祉支出を含む公共支出の厳格な削減を行い，また，公営住宅の売却や，教育改革，労働組合の改革，等々の諸改革を推し進めるとともに，多数の国営企業の民営化を行い，政府の規制もできるだけ抑制して，市場のメカニズムにより多くを委ねようとした．サッチャー首相の大胆な各種の改革は論理的に一貫性を持ったものであったが，地方税の改革に象徴されるように，大幅な改革に反感を持つ国民も多く，やがて退陣することになった．しかしながら，その後のイギリス経済の回復を見れば，それは当時の改革の成果であったと評価されるであろう.

2.3　政府主導の限界

　我が国では，第2次大戦後，政府が強力な主導権を持って経済の復興を目指した．歴史的には，このような政府主導の経済発展は，世界の開発途上国において共通して見られる．政府は，明治維新以降の近代化と経済発展過程においても，自ら積極的な活動を行ってきた．とりわけ，近年まで続いてきたような形での政府規制の原型は，第2次大戦中の1940年頃にできあがったといわれる[7]．当時，政府は，戦争遂行のための生産力の拡充を目指して，物資の需給調整や増税，公債の発行を行っていたが，その手法と発想が，戦後の復興期や高度成長期を経て安定成長期に至るまで継続してきたのである.

　我が国の戦後の復興期においては，限られた乏しい資源を長期的な観点から特定の基幹産業に投入することが，国民経済全体の観点からしても必須であっ

たといえよう．そして，一定水準の復興を達成した後においても，我が国と当時の先進国であった西欧諸国との生産・社会基盤や生活水準の格差を考慮すれば，政府がそのような格差の縮小のために自ら主導的な役割を果たすことは，社会的にも広範に支持されていたといえる．

　特に，産業政策の分野では，基幹産業の再建のための支援や，将来的に国民経済の中で重要な位置を占めると予想される幼稚産業等の育成と保護，産業構造やエネルギー構造の形成，そして，それらの変化や高度化への対応など，様々な面で政府が果たした役割は，その後の我が国の経済社会の発展に非常に大きく貢献したと考えられる．それらの目的を達成するために，政府は，租税制度や金融制度の面からも，また，財政支出その他の資金供給面からも，広範に，そして，強力な支援を行ってきた．

　そのような過程で，政府は，同時に，各種の公的規制をも行うことになった．すなわち，国や地方公共団体は，特定の政策目的を達成するために，企業や個人の活動に対して介入するケースが出てきたのである．それらは，種々の法令や条例，行政処分，価格支持等の制度を通じて実行された．その他にも，官庁は，それぞれ，所管の事項について種々の行政指導を広範に行ってきた．

　このような行政指導は，必ずしも法的根拠が明確でないケースも含めてしばしば実施され，企業の自由な経済活動に制約を加えることも少なくなかった．したがって，それに対しては，国内ばかりでなく，外国からも，しばしば非難されることとなった．

　1980年代に入ると，我が国における各種の政府規制は，国の内外から本格的に批判されるようになった．先述のような「政府の失敗」についての認識が普及するにつれて，政府が余りにも大きな役割を担うことに対する危惧が拡大してきたのである．政府の活動は，本来，市場におけるような競争原理が働かないので，民間の個人や企業と比較すれば，どうしても非効率になりやすい傾向がある．また，政府は，すでに巨額の財政赤字を抱えるようになっていたので，それを削減することが急務となっていたという背景もあった．

　財政の健全化のために政府が採ることのできる方策は，歳入の増加を図るか，歳出の削減を行うか，または，徹底した行財政の効率化を実施するかである．あるいは，それらを適宜，組み合わせる政策ないし制度改革が必要になってくる．ところが，経済が停滞してそこからなかなか脱却できないような状況のも

とでは，増税を行うことは，経済理論から見ても，また，負担する立場からしても実行可能ではない．それゆえ，政府が採ることのできる選択肢は，歳出の削減と行財政の効率化を意図する規制改革ということになってくる．このような考えに基づけば，当時，多額の赤字を抱えていた旧国鉄を民営化することは当然の成り行きであった．旧国鉄は，1984年に分割して民営化され，翌年には，旧電電公社も民営化された．そして，様々な分野で，政府による規制が緩和され，広範に競争原理が導入されるようになってきている．

　経済発展の過程で開発途上国が先進国に追いつこうとする段階では，限られた国内の資源を戦略的に政府がコントロールすることも必要であろう．しかし，経済がある程度まで成熟してくると，政府が国民経済全体を一元的に誘導することは次第に難しくなり，そのことが，かえって，経済社会の発展にとって制約となることも少なくない．近年のように，経済のグローバル化の急激な拡大，情報化の急速な進展，また，人々の価値観の多様化，等々の現象は，政府による一元的な見地からの規制の妥当性をますます希薄なものにしているといえよう．

　政府による数多くの規制の存在は，民間の企業や個人の立場から見れば，新たな分野への進出を阻害する要因となる．すなわち，本来，国内産業の育成ないし保護のために採られた政策措置や制度であっても，対象となる企業や産業が十分に成長した後も存在すれば，それは，既存の企業等にとっては優遇策が継続することになり，他方で，新たにその分野に参入しようとする企業等にとっては大きな参入障壁となってしまう．したがって，政府の規制等が，それを通じて自由な経済活動を阻害するような結果となれば，国民経済全体の効率を低下させ，国民一般の利益を損なうことにもなる．

　1980年代の終わり頃から，社会主義計画経済が崩壊し，徐々に，あるいは全面的に，市場経済に移行している．社会主義の計画経済は，典型的な政府主導の経済体制であった．それは，経済発展の初期においては1つの有効な選択肢であったということもできたかもしれない．しかしながら，経済社会が成熟化してくるにつれて，政府による広範な規制は，経済的効率の面から見ても，また，企業や個人のインセンティブの面から見ても，むしろ，マイナスに働くことも生じている．その意味で，政府主導で経済社会を運営する方式には限界があると考えられる．

3．規制改革と行財政改革

3.1　規制改革の背景

　我が国の経済社会が成熟し，また，様々な面でのグローバル化が拡大し，さらに，情報化が進展するにつれて，政府主導の経済社会運営の方式は，その有効性に疑問が持たれるようになっている．また，それは，新しい分野に進出しようとする意欲的な個人や企業等の活動を制約することによって，経済社会の発展を阻害し，結果的に，国民一般の利益を損なわせてしまうかもしれない．それゆえ，生活者としての市民の利益を真に考えるならば，従来の経済社会の仕組みを見直す必要があり，特に，政府の役割と範囲を再検討して，従来からの制度や政策の在り方を抜本的に改革することが緊急の課題であるといえよう．

　1997年に，当時の橋本龍太郎首相は国会において6つの分野の改革に取り組むことを表明した．それらは，行政改革，財政改革，社会保障改革，経済改革，金融改革，そして，教育改革であった．

　まず，行政改革については，経済社会の新たな要請に沿って大まかな機能別に中央省庁を再編成するとともに，内閣や首相の権限を強化する．それによって，従来の縦割り行政の弊害を改めて，官僚ではなく政治の機能を高めようとした．次に，財政構造改革については，政府と与党の幹部で構成される財政改革構造会議において財政改革の方針を決定し，「財政改革法」を定めて，財政支出の構造改革や歳出の削減に取り組む．すなわち，政治家が主導権を持って改革の方向性を決定し，基本的方針を示しながら，徹底的な歳出の見直しと削減を図っていく．

　また，社会保障改革については，医療保険制度の改革や介護保険法の改正，年金制度の改革等を行って，高齢化社会においても存続し得る仕組みに改めていく．

　そして，経済改革については，経済構造の変革と創造のために，「規制緩和3か年計画」に沿って総合的な構造改革に取り組むこととし，その主要な手段として，規制緩和の推進が強調された．すなわち，規制緩和を推進することが国民経済の活性化のために有効であることを，政府の最高責任者が認めたのであった．

さらに，金融改革については，外国為替の取引の自由化や金融業の広範な自由化が改革目標として設定された．この改革は，金融面において国内外の総合的な自由化を目指すものであった．

　このほか，教育改革については，大学の学部制度の改革，飛び級制度の導入，そして，公立での中高一貫教育等，人材養成の面からの改革が提言されたのである．

　このような6つの改革を含む提言は，必ずしも我が国の将来の経済社会の在り方を明確に示したものとはいえないかもしれない．しかし，これらの改革案の根底には，ある種の共通点があると考えることができる．すなわち，行政改革については，従来の縦割り行政が退けられ，より大所高所の観点からの機動的な行政が要請されている．次に，財政構造改革についても，官庁の枠を越えて政治の立場から，歳出項目に優先順位を付けようとしている．それが着実に実行されたならば，政府の各種事業における重複投資も改善されることになってくる．

　また，社会保障改革については，最低限の福祉を確保するとともに，自助努力あるいは自己責任の要素が，かなりの程度まで採り入れられている．そして，経済改革については，政府による規制の緩和が経済の活性化のために必要であることが明確に示され，その推進が主張された．さらに，金融改革については，従来のような官僚主導の護送船団方式を離れて，国の内外にわたる金融活動の自由化が提唱された．このほか，教育改革についても，教育活動の多くの面における自由化や多様化を推進しようとする試みが示されている．

　以上の一連の改革案の特徴は，政府とりわけ行政官庁が経済社会の多様な分野にわたって果たしてきた主導的な役割が，大幅に削減されていることであった．社会の成熟化に伴って，人々の価値観は次第に多様化してくる．それゆえ，政府が特定の目的に向けて個人や企業等を一元的に誘導しようとするような仕組みは，成熟した社会においては従来ほど有効に機能しなくなっているといえる．

　現代社会では，様々なメディアの発達を通じて，情報化が急速に進展している．情報化の進展は，政府による情報の独占に風穴を開け，また，民主化の一層の進展も加わって，国民への情報公開の要求もますます高まっている．このような社会環境のもとで，行政官庁が，必ずしも根拠の明確でない行政指導や

従来からの慣行としての各種の政策措置を実施することは，社会的に容易には受け入れられなくなっている．

　経済の分野では，とりわけ，国際化ないしグローバル化が急速に進んでいる．現在では，国境を越えた経済取引は普遍的なものとなっている．それゆえ，時に例外は存在するとしても，我が国だけが，特定の産業分野や特定の企業等を優遇したり，保護したりすることは，国際的に認められなくなっている．そのことは，当然のことながら，国内においても当てはまるであろう．

　従来，政府が諸々の規制を実施してきたことは，ある一定期間においてはそれなりの意義があったであろうが，近年では，消費者としての市民にとっても，また，生産者としての企業等にとっても，何らかの不利益をもたらすことも少なくない．政府による規制は，一般消費者の利益よりも，規制によって恩恵を受ける産業や企業等のために実施される傾向がある．政府の規制が，国民経済全体あるいは国民生活への配慮というよりも，主として一部の利益団体の政治的圧力等によって実現しているとすれば，それは，国民経済全体の観点からすれば，むしろ，社会に不公平や非効率を生み出しているといえよう．

　政府規制によって市民が不利益を受ける代表的な例としては，国内外の価格差の問題がある．我が国では，公共料金が，諸外国と比較してかなり割高となっている．すなわち，電気やガスの料金，バスやタクシー，鉄道等の運賃については，地域独占や参入規制があり，その価格の決定においても政府や自治体が関与してきた．その結果，自由市場におけるような競争圧力が働かないので，事業者の合理化への努力が十分にはなされず，コストの上昇が直ちに料金に反映されがちである．このような公共料金ばかりでなく，食料品や家賃などの一般物価水準においても，国内の価格が外国の価格よりも高いケースが見られる．国内外の価格差の存在は，国内の消費者に不利益を与えるばかりでなく，生産者である国内の企業にも不利益をもたらしている．それは，中間財や物流費，事務所や工場の建設費等についても広範に存在し，企業の生産コストを押し上げて，国際競争力の面でも不利になってくる．政府の規制が，このような内外価格差を生じさせる原因となっているケースも指摘される．

　政府による規制は，今日では，むしろ経済社会の発展を妨げる側面もあることが明白になっている．政府が，自由競争の秩序を維持したり，安心安全な市民生活を実現したりするために，最低限の介入をすることは，勿論，将来的に

も必要であろう．他方で，大幅な規制を含むような政府主導の制度や仕組みは，経済の成熟化や情報化，グローバル化が世界的にも一般的となっている状況のもとで，その役割を縮小させていくことになると考えられる．

3.2　政府の役割の再検討

政府による規制は，元来，国家が急速な経済発展を図るための手段として，いわば社会的要請に基づいて導入された方策であり，経済発展の過程で一定の成果を収めてきたといえる．しかし，増大した政府の規制は，成熟化した社会においてはその一部がその後の発展の阻害となるようなケースも次第に出てきている．その結果，人々の政府に対する期待や考え方も変化してきている．将来に向けて，人々は，政府に過度に頼ることのない新たな社会的仕組みを考案し，実現していくべきであろう．そのような観点から，この3.2項では，まず，政府と民間の役割について再検討し，次の3.3項では，主として，国と地方の役割分担の見直しについて検討してみる．

これまで見てきたように，成熟した経済社会においては，政府による一元的な誘導や規制の欠陥が次第に明らかになってきている．その要因としては，政府が本来的に持っている非効率性の存在，情報化の進展に伴う各種の知識やノウハウの国民の間への普及，グローバル化の拡大と自由化の進展，そして，人々の価値観の多様化，等々があった．しかし，それらは，政府の役割をまったく無効にしたわけではなく，また，不必要にしたわけでもない．それゆえ，政府と民間の個人や企業等との間の新たな関係ないし役割分担について考えてみる必要がある．

まず，組織としての政府がある種の非効率性を持つとすれば，そのような政府の規模が拡大することは，国民経済全体に対して大きな損失を招くことになる．成熟した社会を迎えた多くの国において，人口の高齢化が着実に進行しており，その趨勢は拡大している．人口の高齢化に伴って，公的年金，医療，介護，等に掛かる費用は確実に，かつ急激に増大すると見込まれている．また，地震や台風などの自然災害に備えるための費用も膨大な規模になるとされている．その種の財政支出を含めたあらゆる支出内容について例外なく見直すことが必要となる．さらに，公営企業等の民営化，政府や地方公共団体が提供しているサービスの外部委託等を通じて，できる限り政府等の運営のコストを減ら

して行く努力をしていかなければならないであろう.

　経済社会の成熟化に伴って人々の価値観が多様化すれば, 人々が政府に要求する公共財や公共サービスの内容や数量についても多様化していくと考えられる. 人々が最低限度の生活を維持するために必要とするものを政府が補填する段階であれば, 政府の活動範囲は一定の水準に収まってくるであろう. しかし, 経済成長によって人々の生活がある程度まで豊かな水準に到達すると, 情報化やグローバル化の影響も受けて, 人々はより多様で個人的な嗜好を強く表明するようになってくるであろう. それらに対して政府が対応することは, 財源的にも不可能であり, また, 政府の本来的な役割を逸脱することになると考えられる. 概して, 先進諸国では潜在成長力が低下しており, したがって, 税収の伸びも停滞している. むしろ, 各国は, 国債を発行して財源を補っているのが現状である. 他方で, 歳出面では, 先述のように, 少子高齢化等に伴う経費支出の要請は拡大している. このような状況が持続すれば, 財政赤字が累積して, 財政が破綻する可能性もある.

　財政の破綻を回避するためには, 増税を含めて歳入の大幅な増加を図るか, あるいは, 大胆な行財政の改革を含めた歳出の大幅な削減を行うか, が必要であろう. しかし, 低成長経済のもとでは, 大幅な歳入の増加はあまり期待できないと思われる. また, 歳入の増加策が先行すれば, 歳出面の改革が不十分になる恐れもある. それゆえ, まず実施すべきことは, 経費の削減に向けた努力と, 長期的な視点からの行財政の改革であるといえよう.

　従来, 我が国では, 政府は, 人々からの要請の強さを前提として優先順位を設け, 可能な財源の範囲内で提供する財やサービスの種類と量を決定することが多かったといえる. しかし, 今後の経済動向や社会状況を考慮すれば, 政府の提供する財・サービスの範囲を厳選するとともに, その種の財・サービスを, より安価に, そして, より効率的に提供できる方法がないかどうかを追求することも重要になってくるであろう. すなわち, これまで長期間にわたって提供されてきた公共財・公共サービスについても, それを当然視せず, 現在そして将来において真に必要かつ不可欠なものかを常に再検討して, たとえ必要性が高いと認められたものについても, その給付の方法や費用負担の在り方等を根本的に見直す必要がある.

　まず, 政府が提供する財・サービスの供給面における効率化について検討し

18

てみよう．政府は，様々な根拠に基づいて特定の財・サービスを民間の個人や企業等に提供している．たとえば，政府は，国防，司法，消防，公衆衛生等のサービスを国民あるいは住民に対して提供している．これらのサービスは，政府の最小限の役割として広く受け入れられてきた．それらは，人々が安心して国民生活を送るためにも，また，経済活動や社会活動を行うためにも，必要不可欠であり，しかも政府でなければその種のものを提供できないと考えられたからであった．そして，政府は，その供給のために必要な費用を租税として徴収しているのである．

国防，司法，消防，公衆衛生のような財・サービスは，社会の人々にとっては必要性の高いものであるけれども，その財・サービスの本来の性質から，その費用を負担しない人々であってもその利用から排除できないという性質を持っている．そのような性質のことを，非排除性（non-excludability）とよんでいる．また，この種の財・サービスは，その社会のメンバーであれば誰でも同じ量だけ利用できるという性質を持っており，この性質のことを非競合性（non-rivalness）とよぶ．この種の財・サービスは，分割して個別的に供給することが不可能であり，また，すべての人々によって均等に利用（消費）され，その供給の費用を負担しない人々は利用できないという意味での排除原則が働かない．以上のような性質を持つ財は，公共財とよばれる．

公共財から得られる利益は，その財・サービスが提供される社会あるいは地域のすべての人々に与えられ，個々人が受け取る満足は，その租税の支払いの有無や負担額の大きさとは無関係である．それゆえ，人々の側から進んでその費用を支払うことは期待できない．したがって，公共財に対する欲求は市場を通じては充足できないことになり，市場に参入する代わるものとして政治的過程が置き換えられる．このような理由から，公共財の供給については，政府の介入が必要になってくるのである．

以上のような公共財の性質を持っていないにもかかわらず，政府によって提供されている財・サービスもある．公営住宅や教育，医療，公的年金等は，その例といえよう．このような財・サービスは，本来，市場を通じて，その費用を支払う者に対してのみ供給することが可能な性質を持つものである．たとえば，住宅については普通に市場で取引が行われているし，教育についても私立学校が存在している．また，年金や医療についても，保険料や医療費を支払う

者にだけサービスを提供することができる．それにもかかわらず，政府がその種の財・サービスを供給しているのは，そうすることが社会的に望ましく，また，必要であるという社会的合意があるからである．このように，本来，通常の民間財の性質を持っているにもかかわらず，社会的に特別な価値があるものとして公費で供給される財のことを価値財（merit goods）とよんでいる[8]．価値財は，また，公共財と民間財との中間に位置するものとして，準公共財とか混合剤ともよばれることがある．

　財政経費の削減や行財政改革に際して主な見直しの対象となるのは，先の分類から見れば，主として，準公共財の位置づけということになると思われる．いうまでもなく，比較的に純粋な公共財と考えられる財についても，その生産と供給をより効率化する余地があるか否かについて，常に検討することが重要であろう．しかし，それ以上に，準公共財については，その生産と供給の効率化を図るばかりではなく，より根本的に，その種の財を政府が公共財として提供する意義が現在でもあるか否かを，財やサービスの種類ごとに再検討し続けて行くことが必要であると考えられる．

　今日の政府規模の拡大は，本来，民間部門に委ねておくべき分野にまで政府活動が進出した結果であるといえる．その背景には，まず，各国で高度成長が続いていた時期においては財政的にも余裕があり，良かれ悪しかれ，民間からの様々な要望に応えることが可能であったことがあった．また，議会制民主主義のもとでケインズ的総需要調整政策が実施される場合には，不況の際の財政の拡大は直ちに実施されるけれども，好況時における歳出の削減や増税は，既得権者の抵抗もあって，容易には実施できないという事情もあった．

　以上のような状況のもとで，政府の規模は，とりわけ準公共財の分野の拡大を通じて急速に拡大してきた．その種の財は，その利益が個々の受益者に帰属するものである．したがって，それが無償ないし極端に低い費用で供給されるとすれば，国民経済全体の観点からすれば，資源配分の効率性を乱し，大幅な浪費をもたらすことになる．それゆえ，そのような資源の浪費を回避するためには，部分的にでも市場メカニズムを導入し，供給されるサービスに対する適正な費用負担を図ることが必要になってくるであろう．このように，準公共財の分野のおいては，市場原理を導入して，無償で提供してきた給付の一部を有償に切り替えたり，受益者負担を一層強化したりすることによって，政府負担

の軽減そして財政の効率化を実現する必要がある．さらに，それに加えて，公共財を含めて，より効率的な生産と供給の在り方を探求すべきであろう．

政府規模の拡大は，一時的な景気対策を別とすれば，政府による準公共財の供給が徐々に増えてきたことに大きな要因があったと考えることができる．それゆえ，政府規模の一層の拡大を抑制するためには，準公共財の中で現在の時点で社会的必要性が低下しているものを選び出して有料化したり，準公共財の枠内に残す場合でも，一部負担の割合をかなりの程度まで高めていくことが必要となってくる．準公共財は，本来的に市場で取引することが可能であるにもかかわらず，いわば人々の政府への依存傾向の中で増加してきたものであり，上記のような改革については強い抵抗も予想される．しかし，その種の財・サービスを準公共財として残しておけば，それを利用しない人々にも多大な負担を掛け続けることになるので，思い切った見直しが必要であろう．

政府の役割と範囲を改めて再検討することによって，公営企業の民営化や，政府・地方公共団体のサービスの外部委託，そして，広範な規制緩和を実施すれば，それは，新たに民間企業に多くの機会を与えることになると思われる．民間の市場では競争原理が働くので，生産コストやサービスの費用が適正な水準に抑制されると考えられる．その結果，それは，消費者としての市民にとって利益となるばかりでなく，政府を維持するコストをも低減化させ，国民経済的観点からしても大きな利益となると考えられる．

準公共財の供給については，利潤動機に基づいて活動する民間企業よりも，民間の非営利組織（NPO）による活動[9]に委ねることが適切なケースもあるかもしれない．非営利組織は必ずしも利益を得ることにこだわらないので，公共性のあるサービスが適正な価格で提供される可能性が大きいであろう．また，人々の望む多様化したサービスを比較的に少量ずつ提供するのにも，この非営利組織が適しているかもしれない．以上のように，従来，政府が提供することが当然とされていた分野の財やサービスについても，今後は，その本来的な必要性や妥当性を見直して，また，その供給における効率性をも考慮に入れながら，政府自らが行うか，それとも，民間の企業や非営利組織等に委ねるか，等を改めて選択していくべきであろう．

3.3 規制改革の推移

この項では，国と地方の役割分担の在り方について検討する．最初に，それに関連する我が国の行財政改革の動きについて概観してみる．先にも見てきたように，我が国の政府規模は，近年では，過度に拡大化してきており，そのように肥大化した行政組織を整理し，より簡素にする方向で新たな形に改める必要性が広く社会的に認識されるようになった．

早くも高度経済成長期の1961年11月に，「第1次臨時行政調査会」が発足している．国民が高度成長を謳歌していた時期に，すでに改革への認識が生じていたことは，ある意味で驚きであり，また，将来の社会を見通す人々が少なからずいたということになる．そして，時を経て，1981年3月には，「第2次臨時行政調査会」が設置されている．そこでは，「増税なき財政再建」の旗印のもとに，行財政改革についての審議が行われた．この第2次臨調では，コメ，国鉄，および健康保険の慢性的であった赤字を無くそうとする，いわゆる3K赤字の解消や，1984年度までに赤字国債をゼロにすること，そして，日本国有鉄道，日本電信電話公社，日本専売公社の3つの公社の民営化が提言された．それぞれ，時期は異なるが，三公社は，後に国鉄の分割を含めてすべて民営化されている．

1983年7月には，「臨時行政改革推進審議会」が発足した．これは，「第2次臨時行政調査会」の解散後に，そこで答申された行政改革を監視する役割を持つものであった．1986年6月には，「第2次臨時行政改革審議会」が設置され，また，1990年7月には，「第3次臨時行政改革推進審議会」が設けられた．そして，1994年12月には，村山富市首相の時に「行政改革委員会」が発足した．これは，行政改革の推進について行政機構を監視する役割を担っていた．

1996年11月には，橋本龍太郎首相のもとで，「行政改革会議」が設置された．そこでは，とりわけ，中央省庁の再編についての検討が行われた．その最終報告は1997年の12月に提出された．この報告に基づいて「中央省庁等改革基本法」が成立し，従来の1府22省庁から1府12省庁への再編が実施されることとなった．また，1999年4月には，行政改革本部のもとにあった「規制緩和委員会」を「規制改革委員会」と名称を変更した．そして，2001年には，「行政改革大綱」が閣議で決定され，2001年には郵便貯金，簡易保険，年金の財政投融資への委託義務が廃止された．

2001年1月には，中央省庁の再編が実行に移され，中央省庁は1府12省庁で構成されることとなった．2001年3月には「規制改革委員会」が廃止され，同年4月に内閣府に「総合規制改革会議」が設置された．また，同月には，「今後の行政改革の方針」が閣議で決定され，「規制改革・民間開放推進会議」が設けられた．さらに，2006年には，「行政改革推進法」が成立した．これは，その正式名称が示しているように，簡素で効率的な政府を実現するための行政改革を推進することを意図したものであった．そして，同法に基づいて，内閣に「行政改革推進本部」が設置された．これらの一連の改革は，2004年4月から小泉純一郎首相のもとで実施された．小泉首相は，「構造改革なくして景気回復なし」というスローガンを掲げていた．そして，官から民へという「小さな政府」と，中央から地方へという「国と地方の三位一体の改革」が，主要な目標となった．多くの公庫や公団の民営化と郵政の民営化がそこに含まれており，多くの分野にわたる「聖域なき構造改革」が目指された．

　2006年10月からの安倍晋三首相の時代には，2007年に規制改革推進本部および規制改革会議が設置された．また，民主党政権のもとでは，2009年に，内閣府に行政刷新会議が設けられ，さらに，2012年には，内閣に行政改革実行本部が設置された．2013年1月には，再登場の安倍首相のもとで，内閣に行政改革推進本部を置くことが閣議で決定された．そして，2016年9月には，内閣府に規制改革推進会議が設置された．そこでの主要な検討課題は，特殊法人等の改革，公益法人の改革，行政の減量と効率化，公務員制度の改革，電子政府の実現，民営化の推進，規制改革の推進，そして，地方分権の推進などであった．

　国と地方の役割を見直すことは，政府活動の効率化の観点からも，また，地方分権の推進の観点からも必要不可欠のことと考えられる．我が国の財政活動においては，地方の果たす役割がかなり大きくなっている．予算の規模から見ても，地方財政の規模は，ほぼ国の財政規模に匹敵している．しかし，地方の歳入歳出規模は国の9割程度となっているが，その内容を見ると，ある特徴がある．すなわち，税収の面では，地方は国の7割程度となっていることである．当然のことながら，地方は独自にはその歳出を賄えない．すなわち，その差額分は，地方交付税交付金や各種の補助金という仕組みで，国から地方に再配分されているのである．

　そのような補助金や交付金の交付の根拠としては，国が国民生活や産業活動

などに関する事務の多くを地方に委任する機関委任事務を地方が担当していたという事情があったからであった．そして，地方の社会基盤整備のための公共投資においても，国からの補助金をより多く受けられる特定補助金事業が選択される傾向が強い．地方が独自の視点から住民のために実施する地方単独事業は，財政事情が苦しい状況の中では，なかなか実行されにくい．このように，我が国では，地方財政は国に大幅に依存せざるを得ないような制度的仕組みになってきた．

　地方公共団体は，国に大幅に依存してさえいれば，財源的には楽であるといえる[10]．しかし，地方がそのような立場に安住していれば，地方住民に特有の要望にはなかなか応えられず，また，地方独自の政策を自らの責任で実施するような雰囲気も容易には出てこないであろう．それゆえ，財政支出の優先順位や効率についての精査が甘くなって，その結果として，そこに多額の資金を供給している国の側の財政上の効率をも低下させる恐れがある．したがって，地方自治体に地方税の税率や地方債の発行等について大幅な裁量権を与えるとともに，国からの資金は大幅に削減して，自己責任で効率的な財政運営を行わせるような仕組み作りに向けて，行政と財政の両面からの改革を進める必要があると考えられる．要するに，政府と企業等との関係と同様に，国と地方との間においても，一方では，国の規制を緩和するとともに，他方では，地方の側も自己責任を意識しながら独自の行財政運営を行う必要がある．

　国会では，1993年6月に地方分権推進決議が衆参両院で通過し，同年10月には，規制緩和と地方分権を二本柱とした行政改革の推進を盛り込んだ第3次行政改革審議会の最終答申が行われた．これを受けて，1994年12月には「地方分権推進大綱」が閣議で決定され，1995年に「地方分権推進法案」が国会に提出され可決された．その内容としては，国と地方公共団体の役割分担の在り方について最初に規定し，地方分権を推進するための国の措置を示していた．それらは，まず，地方分権の推進に関する国の施策，次に，地方税財源の充実確保，そして，地方公共団体の行政体制の整備・確立のための国の支援措置であった．また，国の施策については，権限の委譲の推進，国の関与，必置規制，機関委任事務，負担金・補助金等の支出金，などの整理，合理化，その他の必要な措置が指摘されていた．

　1996年3月には「中間報告」が出された．そこでは，地方分権の推進が緊要

24

である背景として，中央集権型行政システムの制度疲労，変動する国際社会への対応，東京一極集中の是正，個性豊かな地域社会の形成，そして，高齢社会・少子化への対応，という5つの視点が示されていた．また，地方分権を推進する目的は，従来の縦割りの画一的な行政システムを変革して住民主導のシステムに移行させることであった．住民主導のシステムを実現するためには，まず，国と地方公共団体との関係を従来のような上下の関係から対等の関係に改めることが必要になる．そのためには，機関委任事務制度を根本的に改革しなければならない．次に，中央省庁による指揮監督権を最低限度にまで縮小して行くことで地方の主体性を推進する必要がある．そして，地方公共団体に対する国の規制は，法律あるいは法令に基づく統制を基本として，中央省庁による細かな行政統制をできるだけ少なくして行く必要がある[11]．

　この機関委任事務の縮小ないし廃止に関連して，次のような議論が行われた．すなわち，機関委任事務を廃止すれば都道府県の権限が強化されることになり，市町村の機能を拡大することに繋がらない恐れがある．それゆえ，まず，都道府県から市町村への事務権限の委譲を考慮すべきである．ただし，市町村といってもかなり小規模なケースもあるので，都道府県から市町村に直ちに事務権限を移すことは困難であろう．したがって，責任をもって各種の行政を実施できるだけの基礎単位としての市町村を整備する必要がある．そのためには，市町村合併を促進しなければならない．このようにして，事実上，「平成の市町村合併」が提起された[12]のである．「地方分権一括法」は，1999年7月に成立し，2000年4月から施行された．

　従来の機関委任事務は，そのほとんどが自治体の法定受託事務と自治体の自治事務となった．機関委任事務の廃止によって，市町村は，一方では，自治事務が拡大し自主的な裁量の余地が拡大し，他方では，国や都道府県から束縛される範囲が狭まった．都道府県にとっては，一方では，国からの束縛が減ってその自由度は拡大したが，他方では，市町村に対する指示・監督の余地が減少したのである．また，地方自治体は，条例の制定や法令の解釈についても，その裁量の範囲が拡大した．このようにして，地方自治体の自由度が増加した．国と地方自治体は上下の関係にあるのではなく，それぞれの役割を果たすために協力する，いわば，横の関係になったといえる．

　また，国と地方自治体との関係においては，いわゆる必置規制の緩和も重要

であった．国は，地方公共団体の事務処理体制について，行政機関や施設の設置，職員の資格等について一定の条件を課してきた．たとえば，保健所や福祉事務所，図書館や博物館，等の設置や，そこで働く医師，学芸員，司書等の配置，さらには，都市計画審議会等の設置，等々について，国による規定が設けられていたのである．自治体から見れば，それらの規制は，自治体の自由度を狭めているので，それらは必要かつ最小限度に止めるべきであると考えられた．結局，医師，家庭相談員，等の配置義務は廃止され，図書館や公民館の専任も廃止し，司書や学芸員の配置基準も廃止されることになった．

　地方分権を推進するためのもう1つの重要な改革は，国庫補助負担金の整理合理化と，存続する国庫補助負担金の運用・関与の改革，そして，地方税財源の充実確保であった[13]．まず，国庫補助負担金の機能について検討してみよう．地方自治体は，その住民に対して各種の公共サービスを提供している．どのようなサービスをどの程度まで提供するかは，1つには，地域住民による要望の強さであり，もう1つは，財源の有無によると考えられる．どの自治体においても，各種の事業を実施する財源には自ずから限度がある．したがって，各自治体は国からの奨励的補助金を受けられるような事業を優先して選択することが多くなってくる．その場合，国の奨励的補助金の対象となる事業が，必ずしも，その地域住民の要望の強さやサービス提供の緊急性と合致するとはいえないかもしれない．国と地方の関係性を上下の関係からいわば対等の協力関係へと改革する地方分権の観点からすれば，国庫補助負担金は，制度的な補助金を別として，縮小する方が望ましいと考えられる．

　国庫補助負担金の範囲を縮小した後でも，制度的な国庫補助負担金は存続する．地方分権を進めるためには，その運用・関与の方式を改めなければならない．まず，補助負担金については，各種の補助要綱や基準に基づいて交付されているが，それらの条件をかなりの程度まで緩和する必要がある．それによって，国からの関与を減らし，地方自治体が国庫補助負担金をより利用しやすい環境を整備することができるであろう．このような改革を通じて，国の関与を縮小し，地方自治体の裁量の範囲を拡大していくことが，本来の地方分権の趣旨に沿ったものといえよう．

　我が国では，地方譲与税と地方交付税について，その課税標準および税率は国が決定している．この2つの税は，最終的には地方自治体の一般財源となる

ものである．また，地方債の起債についても長らく自治大臣の許可が必要であった．このように，地方自治体は，歳入の面では自由度が低かったといえる．地方の裁量の範囲を拡大するためには，その歳入面の改革が必須である．地方自治体の歳出規模とその租税収入，とりわけ，地方税収入との差はかなり大きなものとなっている．分権的で自主的な自治活動を促進するのであれば，国税と地方税の税源配分をより地方に移す方向で見直していく必要があると思われる．また，地方債の起債のついても，自治大臣による許可制から国と地方の事前協議制へと改めた方が，自治体の主導権を生かすうえで望ましいと考えられる[14].

　1999年7月に「地方分権一括法」が国会を通過し，2000年4月から施行された．2001年6月には，小泉純一郎首相のもとで設置された「経済財政諮問会議」が「経済財政運営及び経済社会の構造改革の基本方針2001」（「骨太の方針2001」）を打ち出した．そこには，地方自治体の税財源の充実確保，法令等による事務の義務づけの在り方，そして，市町村合併後に残った小規模な町村の取り扱い，等を検討することが盛り込まれていた．財政再建の名のもとに地方交付税が総額としても次第に減額されるようになり，とりわけ，小規模な町村にとっては，交付税額の減少が与えた影響は大きかったといえる．このような地方交付税の減少は，市町村合併を促す1つの大きな契機となったと考えられる．また，合併特例債等の財政上の優遇措置の存在も，市町村合併を促進する要因となったと思われる．

　以上のように，市町村合併はある程度まで実現したが，依然として，残された問題がある．すなわち，都道府県によって市町村合併の実現度合に差があることであり，また，小規模な町村がかなり存在したままという状況がある．小規模な町村では，仮に国や都道府県から事務の移譲を受けても，それを実行できるだけの体制が整っていないということになりかねない．小規模町村が，移管されるものを含めて広範な事務の執行を十分には遂行できず，また，必要な自主財源の確保の見込みが立たないとすれば，分権化の推進にとっての障害となりかねないであろう．

　次に，地方分権と都道府県の位置づけについて見てみよう．地方分権の推進という観点からすれば，住民と密接な関係にある市町村に，各種の権限そして財源を委譲することが望ましいと考えられる．しかし，都道府県の内部に政令

市や中核市等が誕生し，それらの数が増加してくれば，当然のことながら，都道府県はその事務権限を市に移管することになる．移管する事務権限がある程度まで拡大すれば，都道府県は次第にその存在意義が希薄化して行ってしまう．このように，大規模化した市に次第に事務権限を移行する動きがある中で，道州制の論議が提起されてきたといえる．

4．地方分権と地域振興

4.1　ローカルな観点の必要性

　現代社会においては，社会を取り巻く環境が，経済，政治，社会，等々，様々な面で急速に変化してきている．まず，各種の活動が国境を越えて行われるようになっており，次に，IT革命を通じて情報化が急激に普及しており，また，先進国を中心として少子・高齢化が急速に進展してきている．社会がこのような趨勢にある中で，それらに対応し，人々がより充実感を持って生活できるような状況を整えるためには，中央政府である国と地方自治体との役割を見直して分権化を促進し，企業等にもその社会的役割を一層果たすように促し，さらに，地域住民も，その地域社会の再構築や新たな地域社会づくりに取り組んで行く必要があると思われる．

　地域に住む人々は，その生活の場である地域社会で，その権利と責任を十分に自覚した市民として行動することが求められるようになっている．多くの地域で，人々は，生活環境を改善し，より良い地域社会を作るための活動を行っている．たとえば，全国各地で地域の自治会等を通じた活動や各種のボランティア活動などが展開されている．そして，それらの自主的な活動とも関連して，多くの地域で種々の目的を掲げたNPOやNGOが結成され活発な行動を行っている．これらの組織は，相互に協力して各地で多様な社会的活動に取り組んでおり，また，地方自治体と連携したり，企業等と協力したりして，地域住民の生活の快適性や利便性に貢献している．

　今日では，企業もまた，このような社会動向の中で，社会のメンバーとして一定の社会的責任を果たすことが期待されるようになってきている．現代社会では，人々の福祉水準あるいは生活の満足度の向上のために，企業もまた一定の役割を分担することが当然視されるようになっている．本来，企業は，生産，

流通，販売等の組織を効率的に運営して適正な利潤を獲得し，経営体として存続することが重要だと考えられており，それも社会的貢献の一環と見ることができる．しかし，現代では，それらに留まらず，その利益の社会的還元の他に，環境に配慮した生産方法や流通形態等についても，企業の社会的責任を十分に意識しながら活動することが社会的要請となっており，そのことは，企業の継続性の観点からも重要になってきている．

　経済社会が発展するにつれて，人々の関心は生活の質の向上に向けられるようになっている．先進国では，生産の拡大には停滞が見られるようになり，経済成長率が低下している．しかし，人々の生活の質を向上させるためにも，経済活動をある程度まで活性化させる必要がある．国民経済を活性化させ，それを通じて成長の成果をより多く人々に還元することが望ましいであろう．

　そのためには，従来の産業だけにかかわらずに，人々の新たなニーズを満たすような，新たな産業を振興し発展させていくことが重要であると考えられる．我が国でも，製造業を中心とする従来型の産業では企業の海外進出が続いており，国内では産業の空洞化という現象も出現している．産業の空洞化は，雇用の減少や経済の縮小化をもたらし国内経済を停滞させる．

　それらを克服するためには，新たな産業の展開が期待される．その意味で，IT関連，バイオテクノロジー，グリーン・エネルギー，等の産業が新分野の産業として期待される．これらの産業は，省資源，省エネルギーや環境保全の面からも望ましいと考えられている．成熟した社会では，従来の企業や産業の発展を重視した政策から，生活者としての人々の利益を重視した政策への転換が迫られている．しかしながら，人々の生活水準を維持・向上させていくためには，従来の産業も含めた一定の経済活動水準が維持されなければならない．国や地方自治体は，税制や金融を含めて，企業の存続と発展，とりわけ，新規企業や新技術等への新たな挑戦を積極的に支援する必要があると思われる．

　成熟した社会では，概して人々の生活水準が向上し，それに伴って，人々の生活感・価値観も多様化してくる．そして，それらに影響されて，企業が供給する製品やサービスの内容や数量も変化してくる．同様に政府は，基本的に個人や企業等の需要者側の期待に応えるように公共財や公共サービスを提供している．したがって，社会の変化そして人々の需要の変化に伴って，国や自治体の提供する公共財や公共サービスの種類や数量も変化してくることになる．

そのような場合に，人々の従来のサービスに対する需要が減って，その分だけ新たな公共サービスに対する需要が増えるのであれば問題は少ないかもしれない．ところが，従来のサービスを維持したうえで新たなサービスへの需要が増えてきた場合には，国や自治体による負担は増えて，結果的に財政規模が拡大してしまう．国や自治体による公共サービスは，国民あるいは住民の支払う租税や社会保険料等の負担で維持されている．人々の負担能力にも自ずから限界があるとすれば，国や自治体は，将来の社会の在り方を見据えながら，比較的に優先度の高いサービスに絞り込んでいく必要がある．

　公共サービスの内容や範囲について多くの人々の納得を得るためには，政策の立案，審議，執行等の過程に，何らかの形で一般の人々が参加するようなプロセスを採り入れることが有効であろう．国や自治体にサービスを要求すれば必ずその費用を負担しなければならないことを，人々が十分に認識していれば，国や自治体によるサービス提供の範囲は自ずから一定に範囲に収まってくると思われる．その意味で，国や自治体の政策決定過程に，人々が自己負担や自己責任を常に意識しながら参加する仕組みを整備することは，政治面での民主主義の観点から望ましいだけでなく，経済的観点から見ても，国や地方自治体の運営の効率化に繋がると考えられる．

　先にも述べたように，現在では，経済，政治，社会，文化，等々のあらゆる分野で国境を越えた活動が普遍的となっている．その結果，ある国における政策の実施は，当該の国民や企業等にばかりでなく，他の国の人々や企業等にも影響をおよぼすことが少なくない．したがって，自国民が他国の政策によって不当に不利益を受けることのないように努めるとともに，他国に対しても自国が一方的に不利益を押しつけるような政策を採用することはできるだけ回避しなければならないであろう．今日では，多くの分野でグローバルな観点が必須となっている．

　以上のようなグローバルな観点と同時に，国内では，今後，ローカルな観点もますます必要になってくると思われる．最近では，地方の政策を実施する際に，地方自治体と地域住民の意向や自主性を尊重することが最重要の事項とされてきている．このような傾向は，世界的な潮流となっている．成熟した社会では，ナショナル・ミニマムはかなりの程度まで充足されており，地域住民の公共サービスに対する要望や優先度は多様化している．したがって，公共サー

ビスの供給は，全国一律の基準で行われるよりも，地方に委ねた方がより現実的で効果的になっていると思われる．

　社会基盤を形成するための公共投資を行う場合にも，全国の画一的な基準に基づいて各地で実施するよりも，むしろ，地方の実情に応じた投資をする方が，結局のところ，住民の期待に沿い，また，効果的でもあるといえよう．したがって，国の政策実施の際にも，地方に関わるものについては，地域ごとに地方主導で優先順位を付けた政策を実施できるような仕組みが必要になってくる．その意味では，使途の特定される一律的な補助金の制度を見直して，交付税そして自主財源を増やしていくことが望ましいと考えられる．このようにして，地方分権を一層進めることが，人々の満足度を高めるためにも，また，公共財・公共サービスの供給における効率性の保持のためにも重要であろう．

　どのような社会においても，どの時代においても，そこには，解決すべき様々な社会的・経済的課題が登場してくる．それらの課題を解決していくためには，それらを取り巻く様々な環境の変化や制約条件，人々が望む社会の在り方，そのための制度的仕組み，等々を考慮に入れる必要がある．そして，社会の多数の人々が納得できるような解答を出していかなければならない．次に，経済社会における近年の動向の中から，将来の社会の在り方を示唆するような変化について見てみよう[14]．

　まず，政府活動においてかなりの変化が見られる．近年では，政府の果たすべき役割について，その内容や範囲を様々な面から再検討する必要性がしばしば指摘されるようになっており，実際に一部で見直しも進んでいる．現代の政府は，もはや個人や企業等を一方的に指導する存在ではなくなっており，人々のニーズを社会的観点から公平・公正に，しかも効率的に充足させることを求められている．1980年代以降，先進諸国では，「大きな政府」から「簡素で効率的な政府」への移行が模索されてきた．

　従来，政府は，主として，自由で公正な市場の育成や国際競争に負けないような環境整備に力を入れてきた．そして，最近では，政府は，市民や企業等が意欲を持って新たな分野に挑戦できるような状況の整備，起業や雇用の場で失敗しても再挑戦できるような条件の整備，また，多くの人々が納得できる再分配の制度，等々の多様な要請に直面している．このように，政府に対する多様な要請を満たそうとすれば，政府規模は過大になってしまうし，人々の租税等

の負担も過度に重いものになってしまうであろう．今後の政府は，その規模を適正な水準に設定し，効率的に運営していかなければならない．その面からも，地方分権の推進を含めた政府の制度的仕組みを改革する必要性が高まってきている．

　次に，企業活動においても，その取り巻く環境にかなりの変化が出てきている．世界的に環境問題への関心が高まっており，企業は，その事業を行っていく際に，騒音や振動，大気や水質の汚染をもたらさないように規制されるようになっている．また，企業は，敷地の緑化に努めたり，事業所周辺の交通渋滞を招かないような努力も要請され，さらに，地域の一員として清掃や祭りなどの活動に参加することも求められるようになっている．

　企業は，その本来の経済活動のために必要な人員を雇用している．我が国では，バブルの崩壊以降，正規労働者が減少し，非正規労働者が増加してきた．企業側からすれば，景気変動に応じて雇用者数を容易に調整しやすいので，非正規労働者の増加は好都合であるかもしれない．しかし，他方で，企業にはまた一定の社会的責任があるという指摘もある．若者を雇用し，教育や訓練を行なって人材を育成し，働き甲斐のある職場を設けることが，その企業の価値ないし社会的評価を高めると考えられる．少子化が進んで将来の労働力不足が確実視される中で，企業は，人々から選ばれる存在となることを意図すべきであろう．企業は，近年では，単に営利を目的とする経営体としてではなく，社会の一員として社会的役割の一部を分担すべき立場にあるといえよう．

　また，現代では，自然環境や社会環境に関連する変化が出てきている．まず，自然環境について見れば，その保全と悪化の防止，そして，復元などの活動が社会的に広範に推進されるようになっている．近年では，社会の人々がどのような活動を行う場合でも，「環境に優しい」ということが高く評価される傾向がある．多くの家庭や学校，企業や官庁，等々で，リサイクルや省エネルギーが意識され広範に採り入れられている．企業は，その生産コストの面で負担が大きくなるとしても，社会的風潮の中で，環境に十分に配慮しながら経済活動を行わなければならなくなっている．

　社会環境について見ても，最近では，地域や国境を越えて様々な物資やサービス，資金，そして，人々が，自由に交流することが日常的なことになってきている．それゆえ，ある地域やある国のどのような活動であっても，それらが

他の地域あるいは他の国に大きな影響を与える可能性が出てきている．それら
が相手側にとって良い影響である場合には評価されるであろうが，逆に，何ら
かの悪影響を与える場合には対立が生じて問題となる．したがって，そのよう
な衝突を前もって回避するような発想と行動が，あらゆる分野で，必要となっ
てくるであろう．

　近年，人口の増加が続く開発途上国から，国境を越えて，少子化が進みつつ
ある先進国への労働力の移動が続いている．より良い雇用機会と高い賃金を求
めたこのような動きは，今後も継続すると思われる．勿論，先進国の間でも労
働力の移動は盛んである．しかし，外部からの急激かつ多数の人口流入は，地
域社会に何らかの摩擦を生じさせる．その意味で，今後の社会環境を考える際
には，グローバルな観点と同時にローカルな観点をも合わせ持って，より良き
「共生」を実現できるように努める必要があると思われる．

　現代社会では，人口構成において大きな変化が出てきている．先進諸国では，
概して，少子化と高齢化が急速に進行している．とりわけ，我が国では，その
傾向は顕著である．我が国の合計特殊出生率は，近年では1.3程度であり，人
口を維持するのに必要とされる2.1の水準をかなり下回っている．他方で，我
が国の平均寿命は男性で約82歳であり，女性では約87歳となっている．それは，
栄養や医療の水準の高さや社会の安全性の高さを反映したものとして評価でき
るであろう．しかし，65歳以上の人口は，2019年9月の時点で約3558万人で総
人口の28.4％を占めており，70歳以上でも約2715万人で総人口の21.5％を占め
ている．少子・高齢化がこのまま進んで行けば，将来的には人口の約4割が高
齢者となると見込まれている．

　少子・高齢化は，他の先進諸国においても進行しつつある．それは，各国に
おいて，社会的にも経済的にも多大な影響をおよぼすと考えられる．たとえば，
社会保障制度の面では，その制度の存続性に懸念が生じてくる．すなわち，増
大する高齢者を，絶対的にも相対的にも減少する若年層で支えていかなければ
ならなくなってしまう．租税や社会保険料等の負担には一定の限度があると考
えられるので，現行の社会保障制度については，その内容や範囲を大幅に見直
すことが必須となってくる．

　少子・高齢化の進行は，経済活動の面にも多大な影響をもたらすと考えられ
る．高齢者は過去に蓄積した貯蓄を取り崩しながら生活するであろうから，そ

のような高齢者が人口の中で大きな割合を占めるようになると，マクロ経済の見地からすれば，貯蓄が減り，企業等の投資資金が不足する可能性が出てくる．また，少子化が進み若年労働者の供給が減少する恐れがある中で，定年退職者が増えて行けば，労働力不足という事態が生じるであろう．それゆえ，経済活動の各方面にわたる省力化を一層進めたり，外国人労働者の活用を拡大したりする必要があると思われる．

　社会における以上のような様々な変化は，人々の社会や生活に関する意識にも変化をもたらしていると考えられる．生活水準が向上するのに伴って，人々は，単に日常生活を維持して行くためにばかりでなく，より生き甲斐のある生活を目指し，また，より働き甲斐のある仕事を選択することが多くなってくる．自然環境や社会環境の変化，少子・高齢化の進行，政府への依存の限界，等々を避けられないとすれば，人々は，それぞれ，そのような状況のもとで少しでも良い生き方を模索していくことになるであろう．

4.2　地方分権と地方の活性化

　地方分権の必要性は，かなり以前から，また，多様な観点から，しばしば主張されてきた．そして，地方のことに関しては地方自らが行うことが望ましいという考え方が普及してきた．1999年に「地方分権一括法」が国会を通過したが，それは，地方自治体の独立性と自主性の推進を意図したものであった．その基本的内容は，第一に，国の自治体に対する指揮監督権をなくし，また，機関委任事務を廃止して，地方自治体の事務を自治事務と法定受託事務の２種類とすること，そして，第二に，国庫補助負担金の制度を整理して，国が負担すべき国庫負担金と国が奨励する意味で援助する国庫補助金とに明確に区分すること，であった．これらの改革を通じて，国と地方の行政事務の分担を明確にして，地方で行うべきことは地方に委ねるという方針が示されたのであった．

　この方針のもとで，地方自治体にとっても，また，住民にとっても，地域の政策遂行において自由裁量の余地が拡大するとともに，自己責任の原則が適用されることになった．すなわち，住民は，地方自治体に対して何らかの公共サービスの提供を要請してその利益を受けるためには，そのための費用負担をも考慮に入れて要求することが必要になってくる．自治体にとっても，各種の住民の要求を満たすためには，従来のように国に頼らずに自ら必要なサービスを

提供しなければならない．したがって，地方自治体としても，より効率的で健全な財政運営を行う必要性が増してくる．それゆえ，自治体は，支出項目における優先順位の設定や見直し，行政経費の節減，そして，経費を賄うための増収策をも立案し，実施する必要に迫られることになってくる．

　最近では，台風や地震など自然災害が頻発している．そのために，堤防や下水道，道路や橋梁などの補強と整備が緊急に必要になっている．それらの整備は，公共事業として実施される．様々な公共事業の内でどの事業を優先して実施すべきかは，地域の事情によってそれぞれ異なってくるであろう．したがって，都道府県や市町村の枠を越えた大規模な事業を行う場合は別としても，地域内における事業については，地方が主導権を持ってそれを実施した方が，それぞれの地域のニーズを満たすのに適合しやすいと考えられる．公共事業が地方自治体に委ねられれば，その事業内容は，限られた財源の中で慎重に選択された優先順位に基づいて実施されることになる．

　また，公共事業は，景気対策の手段としてもしばしば採用される．とりわけ，地域に有力な産業が存在していない場合には，公共事業の実施が，雇用の確保と経済の活性化にとって重要なものになっている．地方によっては，公共事業の削減は，深刻な状況をもたらすこともあると思われる．しかし，国民経済の観点からすれば，膨大な財政赤字を抱えている状況を考慮すれば，公共事業の分野においても，将来を見据えて，防災や基本的な社会資本の整備・拡充などの緊急性の高い事業に絞り込んで予算を投入しなければならないであろう．

　地方分権化は，国と地方自治体の行政事務の分担の範囲を明確に規定して，地方で行うべきことは地方に委ねるという方針のもとで実施される．分権化の進展は，自治体にとっても，また，地域住民にとっても，従来よりも自由裁量の余地が拡大するというメリットが出てくるが，それは，同時に，自分たちの判断で選択をするわけであるので，その政策遂行の結果についても責任を負うことになる．しかし，それだけに，住民や自治体は，従来の惰性的な慣行から脱却して，現在の時点で優先順位が高いものに集中して費用を支出するように促され，全体として，財政支出がより効率化すると考えられる．

　地域住民は，地元の自治体の財政状況を十分に認識しておくことが求められる．ある公共サービスの供給を自治体に要求する場合に，その供給に要する費用を自己負担する意思があるのか否か，そして，それは住民の租税負担を増や

してまで要求すべきものか，等について考慮すべきであろう．また，自治体側でも，住民の要求に対してどこまで応じられるかを慎重に判断すべきである．自治体は，その行財政運営のおける実情をできるだけ住民に開示し，住民の理解を得られるように情報公開を一層進める必要があると思われる．地方自治体は，その行財政の運営において常に効率化に努め，経済的にも政治的にもより自主性と独立性を高めるようにすべきであろう．国など外部に依存せず，限られた財源で多様な住民の要望を満たしていくためには，自治体は，その運営における効率化を従来に増して強力に推進する必要がある．

　地方自治体は，その財政状況が悪化した場合に，従来の公共サービスの供給水準を引き下げるか，あるいは，住民税や手数料等を引き上げるかという選択を迫られるかもしれない．住民の過剰な要求によるものばかりでなく，そのような選択を迫られる一因として，規模の経済性の問題があると思われる．清掃工場や上下水道などの整備と運営のように，本来，規模の最適性という観点から，ある程度の広域化を行うことが，経済的に有利なものもある．先に述べた市町村合併の推進は，この最適規模の追求という面からも有効であろう．地方分権の推進を図る際には，地方の独立性・自主性という面ばかりでなく，自治の最適規模という面ももっと意識すべきであると思われる．

　国や地方公共団体など政府の活動を維持するには，一定の費用が掛かる．首長や地方議員の選挙の実施，その首長や議員，そして，公務員に対する人件費の支払いは，直接的な住民サービスの費用ではない．しかし，自治体としての活動を維持するためには，一定の費用負担が避けられない．その意味では，政府の数が少ない方が，その種の固定費用を節約できることになる[15]．固定費用の節約という観点からすれば，小規模な自治体には合併を促して一定規模に拡大することが効果的といえる．

　従来，我が国では市町村等の合併は，必ずしも十分には進展しなかった．その要因として，一部には自主財源が豊かな市町村があったからであるが，多くは，自主財源に恵まれない自治体ほど交付税等で優遇されるという財政再分配制度が存在したからであった．しかし，小規模な自治体であっても，その行政事務を行うためには一定の固定費用が掛かってくる．自治体の数が多ければ，その費用は膨大なものになる．そのような費用を節約するためには，合併を通じた自治体の広域化が望ましいことになってくる．

国や地方自治体による財やサービスの提供は，その種類によって最適規模が異なってくる．国が提供している外交や防衛などのサービスは，国内のどの地域の人々にも利益をもたらすと考えられる．仮に地域ごとにその供給について意思決定がなされる仕組みになれば，統一された意思決定まで時間が掛かり過ぎたり，同意しない自治体が出たりすることもあるであろう．また，その種の財やサービスによる利益は同意しない場合でも受けられるという不都合な問題も出てくる．したがって，ある種の財やサービスについては，国が一括してして供給することが適切である．

　しかし，地域住民がどのような財やサービスを期待しているかということについては，国よりも地元の自治体の方が遥かに詳細に把握できると思われる．たとえば，高齢者の多い地域では，高齢者向けのサービスや施設等に対する要求が多くなるであろう．他方で，若い世代が多数を占める地域では，託児所や学童保育等の施設に対する要求が強まるであろう．また，ある地域では，多くの住民が教育や福祉サービスの充実を何よりも強く要望しており，別の地域では，地域の経済振興のために地場産業の振興や企業の誘致等に多くの財源を投入すべきであるとする意見が多数を占めることもあるであろう．さらに，ある地域では，ある程度まで租税負担が重くなっても広範な公共財・公共サービスの供給を望む人々が多く，別の地域では，公共財の供給は一定限度の抑える代わりに負担は軽い方が良いと考える人々が多数を占めるかもしれない．それらの実情をよく知っているのは，地元の自治体であろう．

　それゆえ，人々の日常生活に密着したサービスを提供する場合には，地元の住民のニーズをよく知っている地方自治体に委ねた方が，きめ細かな内容のサービスを住民の満足度の高いように提供できると思われる．国が全国一律のサービスを提供することにも一定の意義はあるであろうが，さらに，地方の実情に応じて，地方に主導権を移すことも必要となってくる．地方自治体の側でも，地域住民の選好をより正確に収集し，それを現実の施策として実行するように努めなければならない．真摯にそのような活動ができる自治体の存在が，地方分権の推進にとって重要であろう．

4.3　人口構成の変化と地域振興

　現在，先進諸国を中心として少子・高齢化が急速に進んでいる．その結果，

総人口に占める高齢者の割合が着実に増大している．特に，我が国では，先にも見たように，人々の平均寿命は大幅に伸びてきており，同時に，合計特殊出生率が低下している．平均寿命の伸長と出生率の低下は，必然的に，人口の高齢化をもたらすことになってくる．高齢者人口の増加は，年金や医療，介護等の社会保障費の負担を増やすであろうし，また，労働力の供給や働き方にも影響を与えるであろう．

　また，少子化を通じて少なくなった人口が，偏在する動きもある．すなわち，大都市やその周辺部では人口が相変わらず増えているが，人口が少ない地方ほど，さらに人口が減少するという現象が見られる．若年層は就学や就職の機会を求めて都市に移動し，地方に戻るのはその一部にすぎない．それゆえ，地方では，高齢者の占める比率が上昇している．このような傾向が続いて行けば，地方では，日常生活の維持と働く場の確保という両面で，従来のような地域社会を維持していくことが困難になってくると考えられる．

　大都市とその周辺部では，とりわけ，高度成長期において，人口が急激に増加した．都市人口の大幅な増加は，学校や保育所，住宅，そして，道路や鉄道など種々の社会資本の整備を必要とさせた．その結果，大都市の財政負担は急速に拡大した．そして，大都市における密集や混雑が激しくなってくると，人々はより快適な生活環境を求めて，次第に，大都市の周辺部に住居を移してきた．これが，いわゆるドーナツ化現象である．それは，また，その周辺部の地域に社会資本の不足を生じさせることになり，それらの地域の自治体は，必要な社会資本を早急に整備する必要に迫られた．他方で，大都市の中心部においては，一部で人口の減少が激しくなり，とりわけ，夜間の過疎化が起こっている．大都市の一部では，過去に整備した社会資本が過剰になっている地域もある．

　地方から都市への人口移動は，核家族化を進行させた．人々は，地方においては，大家族で住み，近隣の人々と密接な付き合いをしていた．しかし，若者層が進学や就職等で都市に出てくると，単身世帯やせいぜい親子二世代の家族が増えてくる．女性も働くことが普通になってくると，それらの世帯では子どもの世話をする余裕がなくなってきて，結局，行政サービスに頼ることになる．他方で，若者層の出て行った地方では，高齢者のみが残されて，地域社会の様々な活動の維持が次第に困難になってきた．従来，子どもの世話や高齢者の

面倒を地域の人々が協力して行なったり，消防などの防災や防犯などの活動に地域の人々が自主的に参加してきたりしていた．しかし，高齢者ばかりが残された地域では，そのような活動を維持することが次第に困難になっている．そこでも，行政によるサービス提供への要請が増大してくる．このように，都市，においても，地方においても，国や自治体に対する要望が強まり，その財政負担も増加している．

以上のように，若者層を中心とした人口の都市への移動と人口の高齢化の進展は，地域社会にも地域経済にも大きな影響を与えている．若者層が流出している地域では，高齢者の介護を誰が担うのか，防災や防犯等の活動を誰が行うのか，そして，地場産業を誰が継承するのか，等々の様々な課題が出てくる．地方分権化の動きの中で，地方自治体の役割と負担は増えていくと考えられる．もし地場産業の衰退が続くようであれば，若者層はさらに都市に流出してしまう．それは，自主財源を確保しようとする自治体にとっても，大きな損失となってしまうであろう．

他方で，大都市とその周辺部においては，若年層の流入は相変わらず続いているが，高齢者もまた増加している．そして，人口に占める高齢者の比率も急速に高まって行く見込みである．医療水準や栄養水準の向上，健康教育の普及等を通じて，平均寿命は着実に伸びてきている．それゆえ，当分の間，高齢者人口は増加し，その総人口に占める比率も上昇していくと予測されている．定年退職後に気候の良い地方や海外に移り住む人々も見られるが，逆に，病院や美術館等の施設が多く，また，交通の便が良くて買い物等に便利な大都市に回帰する動きもある．大都市部においても，将来的には一層高齢化が進んで行くと見込まれており[16]，介護施設や高齢者向けの住宅・施設等への需要が増加するであろう．

大都市での高齢化が進むとすれば，自治体の公共サービスへの要請も増え，財政負担も増大することになる．国や地方自治体は，そのようなサービスについて，受益者の費用負担能力とサービスへの満足度を考慮に入れながら，適正なサービスの水準と費用負担の在り方を設定していくことが重要である．また，地域の実情に応じて，住民のニーズにより適合するように，その自治体独自の工夫をしたり，試みをすることが必要であろう．そのような工夫や試みを行うことが，サービスを受ける人々の真の満足度の向上に繋がり，そのことが，ま

た，費用の節約に繋がるケースもあると思われる．自治体の側でも，自らサービスを提供するだけでなく，その種の施設やサービスを提供する民間の事業者を誘致する策を講じることが必要になってくると思われる．

　出生率の低下と高齢化の進展は，国内や地域の経済活動にも変化をもたらすと考えられる．出生率が低下すれば，将来的に，若年労働力が減少してしまう．我が国の企業は，以前から，低い賃金や低い法人税率を求めて，また，海外からの輸入規制を逃れるために，海外に工場や事業所を次々に移転してきた．その結果，国内では，いわゆる産業の空洞化という現象が生じ，それが進展してきた．その背景には，少子化による将来の労働力不足という見通しも少なからず影響していたと思われる．このような動きが続けば，国内では，雇用が減ってしまう．地方によっては雇用が大幅に減少している．そして，その雇用の機会がなくなったり，大幅に減少した地域では，人口がさらに流出してしまうであろう．また，望むような労働力を雇用できなければ，地場産業の活動も困難になってしまう．その結果，地域経済が全般的に衰退する恐れが出てくる．地域自治体には，地域経済を維持して，人々が定着して居住できる環境を整える必要がある．

　そして，高齢化の進展は，国民経済において貯蓄の減少をもたらす可能性が高い．現在では，年金，医療，介護等にわたる広範な社会保障制度が成立している．社会保障制度が普及していることで，高齢者の多くは，一定水準の年金を受給しており，医療や介護サービスについても，実費よりもかなり低い水準の負担で済んでいる．それだけ，高齢者は，引退後の生活を送るうえで不安が減少しており，自力で万一の場合に備える必要性が薄れている．

　したがって，高齢者は，現役時代に努力して蓄えた貯蓄を，自分の生活を楽しんだり，子どもや孫たちにプレゼントしたりするために，引き出している．高齢者層は，人口構成の中でもより多くの比率を占めるようになっており，その人々が貯蓄を次第に取り崩していくということになれば，総貯蓄が減少してくる．しかし，国民経済においては，貯蓄は広義の金融市場を通じて民間の設備投資の源泉となっており，また，国債の購入を通じて公共投資等の源泉ともなっているから，貯蓄の減少は，投資を縮小させて経済成長率を低下させると考えられる．

　以上のような社会的・経済的状況は，今後も当分の間継続すると思われる．

40

したがって，将来の国民経済の発展，そして，地域社会および地域経済の発展のためには，その活性化の方策を見つけ出さなければならない．国全体としての国民経済の発展のためにも，地域経済と地域社会の再生が緊急に必要とされると考えられる．国は，従来，全国的な見地から，地域経済の均衡ある発展を意図して，地方交付税交付金や各種の補助金を交付してきた．

それらの交付は，道路や橋，港湾，学校，その他の種々の公共施設，等の整備に充てられ，全国どこに居住していても一定限度の生活を保障されるというナショナル・ミニマムの達成に貢献したといえる．また，それらの施設等を整備するための公共事業は，全国各地で地元の人々の雇用機会を拡大して，地域経済の発展に大いに役立ったといえる．また，地方自治体の側でも，できるだけ多くの交付金や補助金を獲得して地元関連の公共事業を拡大し，それを継続させることを重視してきた．国と地方自治体との間の従来の仕組みは，基本的な社会資本を全国のどの地域にも整備するという点では，大きな役割を果たしたと評価できるであろう．

ところが，現在では，経済状況は，根本的に変化してきている．経済の成熟化が進むのにつれて経済成長率は次第に低下しており，国や地方の財政においても税収が停滞し，財源が不足する事態が継続している．それゆえ，国や自治体は，増収のための増税か，節約のための大幅な支出の削減か，あるいは，大幅な行財政の効率化を図るか，という選択を迫られることになる．国も，そして，ほとんどの地方自治体も，多額の借金を抱えている現状を考慮すれば，近い将来の財政健全化を実現するためには，思い切って上記のすべての方策を同時に実施する位の覚悟が必要であろう．しかし，賃金がそれほど伸びない中で増税を実施することには，人々の抵抗も大きいと思われる．2019年10月にも，消費税が2％だけ引き上げられて税率が10％となった際にも，相変わらず，不安を抱く人々が少なくはなかった．しかし，消費税率を15％まで引き上げても，なお，財政収支の均衡が達成されないという試算もある．したがって，差し当たっては，歳出の厳格化と行財政の効率化を一層推進することが重要であろう．

現在，東日本大震災からの復興，防災対策の強化，そして，地域の再生を目指して，また，その他の近年の地震や台風被害からの復興と防災対策，等を意図して，全国で公共事業が急速に進展している．また，2020年のオリンピック・パラリンピックの開催も，公共工事を拡大する大きな要因となっている．

しかし，それらは，より長期的な観点からすれば，一時的で例外的なものと見るべきであろう．先に述べたような財政面での制約を念頭におけば，国のレベルでも，また，地方のレベルでも，公共事業は特に優先順位の高いものに絞り込んで実施していかなければならない．地方自治体は，国等の補助金に過度に依存することなく，自ら地域活性化の方策を工夫する必要がある．地方自治体は，その際に，土地の取得や上下水道などの関連施設を整備し，そして，税制上の優遇措置をも採ることが重要である．さらに，事業所や工場等の規模によっては，道路や下水道等の社会資本の整備も行う必要が出てくる．

また，その地域が，大都市や近郊都市との関連で，どのような場所に位置しているかということも考慮に入れておかなければならない．材料や製品などを輸送する必要がある産業では，それが容易にできる立地を選択するであろう．また，近年では，IT関連産業が急速に拡大しており，基本的には従来の社会資本だけで十分で，新たな準備をそれほど必要としないケースも少なくない．地方自治体は，その地域の立地や特性を十分に把握して，それに適合する産業や企業に対して進出を働き掛けたり，その進出に必要な種々の条件を予め整備することが，企業等の誘致のために効果的であろう．

また，企業等が地方に進出する際には，労働力が確保できることも，その決定に大きな影響を与えると思われる．少子化が進み，長期的に労働力不足が予想される中で，企業によっては，労働力の確保を狙いとして地方に進出するケースも見受けられる．企業は，概して，若くて優秀な人材を求める傾向がある．その意味で，地方で大学や専門学校を誘致したり設置したりすることは，企業への人材の供給の面で有効であるかもしれない．それは，地元の若者の定着を促進し，また，他の地域から若者を呼び寄せる効果もあるであろう．企業の誘致は，このように，雇用機会の拡大をもたらし，地元に定着する人々を増加させ，さらに，地元の消費需要を刺激して，地域経済を活性化させると考えられる．そして，地方自治体の側でも税収の増加が期待できることになる．

4.4 地域振興と住民参加

近年では，以前に比べて，地方分権が進んであり，地方自治体の自由裁量の範囲は着実に拡大している．その背景としては，2000年4月に「地方分権一括法」が施行され，また，同年8月には地方分権推進委員会が地方の独自財源の

充実を提言しており，さらに，2006年から地方債の発行が許可制から協議制へと移行したことがあった．このような地方の自己裁量の範囲の拡大は，自治体の自己責任の度合いも高めたといえる．それゆえ，地方自治体は，より効率的な行財政運営を求められるようになった．

　地方自治体は，その歳出規模が適正か否か，歳出の優先順位が適切であるか，等について，改めて見直しを迫られたのである．各種の公共事業等についても，国からの補助金に依存するのではなく，自己負担で実施することが多くなってきた．そこで，自治体は，その事業の内容や規模，優先度，等について，以前よりも厳しい選択を行わなければならなくなってきた．また，清掃処理施設や図書館等にその例があるように，近隣の自治体が協力して公共施設を建設し利用するケースが増えてきた．清掃施設はその建設場所の設定が次第に困難になっており，また，共同利用した方が維持・管理に掛かる費用を節約できる．自治体間の広域連携事業の実施は，行財政の経費を節約し効率化を図るうえで効果的な方策といえるであろう．

　現在では，地方自治体は，地域の振興と再生を目指して地域ごとに独自の産業振興策に取り組むようになっている．財政的な制約がある中で，住民に一定限度のサービスを提供し，また，地域の経済活動を維持して行くためには，種々の工夫が必要である．たとえば，地方自治体は，その住民に対するサービスの提供を独自に行うばかりでなく，サービスの種類によっては，既存の行政の枠組みを超えて近隣の自治体等と共同で提供した方が，費用の面で有利なケースもあるであろう．また，住民が定着するためには，働く場の確保も必要である．地方は，その立地，気候，交通の便，労働力，伝統的な地場産業，等々の特性を生かす形で，外部から産業や企業を誘致したり，新たな産業を起こしたりする努力を続ける必要がある．それらが，一部でも成功すれば，地域の活性化の契機となると思われる．

　また，従来の産業を新たな方向に展開することで，地域の活性化をもたらしているケースも見られる．農林水産業では，近年，一部で，「6次産業化」が展開されている．それは，1次産業として農産物の生産を行うだけではなく，その生産物を加工し，さらに，加工した生産物を販売するまで一貫して行うのである．これまでは農家は生産物を農協に届けることで仕事が終わっていたが，現在では，農産物が道路に沿った直売所や道の駅などで販売されたり，または，

果物をジュースにしたりジャムにしたりして販売され，さらには，レストラン等が開業されたりしている．そこでは，単に生産して終わる場合に比べて，加工し，販売することで，付加価値が高まっており，農家にとっては，利益幅が拡大することになる．

ところが，農林水産業に従事する人々のすべてが，加工や販売に進出し，高付加価値化による利益を受けられるとは限らない．加工や販売を行おうとすれば，作業所や機械等や販売所等を準備しなければならないが，それには，資金や加工技術が必要となってくる．地方自治体は，そのような活動が地域経済にとって有益であると判断される場合には，小規模資金を自ら融資したり，地元の金融機関と連携して融資したりすることも重要であると思われる．地域での起業が容易になれば，雇用も拡がり，地域の経済活動も活発化して行くであろう．

近年では，IT革命を通じて，それに関連する産業が発展しており，また，国民の健康への関心の高まりを通じて，医療やスポーツ，介護，等の健康関連産業が発展している．それらの産業は，概して，温暖な気候に恵まれていさえすれば，少しくらい交通の便が悪くとも，立地条件として問題はないと思われる．また，企業や大学等の研究機関にしても，地方への進出の可能性は十分にあるであろう．企業等を誘致をするための魅力が地元には何もないと思い込んでいる自治体もあるであろうが，より視点を拡げて，地元の振興策を模索することも重要である．

企業等を誘致して地域振興を図ろうとする場合には，そのための種々の環境整備が前提となる．企業等の新たな進出の際に，税制面で優遇措置を採ったり，小規模企業に対しては資金調達に協力したり，何らかの魅力作りを行う必要があると思われる．たとえば，道路や上下水道などの物的社会資本を整備するだけではなく，物流や情報のネットワーク作りも重要であろう．さらに，特区の制度を活用して，国と協力して進出企業等を総合的に支援することも考慮に値すると思われる．

多くの地方自治体において，それぞれ，多様な地域振興策が試みられている．その中には成功しているものもあれば，失敗に終わったものもある．失敗したケースでは，企画内容が不十分なものであったり，企画を進める手順や方法に無理があったり，していた場合が多い．事業計画を立案し，遂行する過程では，

専門家を活用することも考慮すべきであろう．地域の人々からその要望を集めて整理・分析したり，行政の場での政策立案に際して助言を行ったり，行政と企業等との橋渡しをしたりする際には，他の事例をよく知っている専門家の助言を採り入れることが有効だと思われる[17]．彼らは，他の成功例や失敗例に詳しいので，その意見を聞くのは，転ばぬ先の杖の意味で大切な手順の1つと考えられる．

　地域の振興策については，基本的には，地元の住民と自治体によって提案され，自治体が綿密な計画を策定し，それに基づいて国や企業等と折衝することが望ましい．しかし，地元の人々だけでは，他の地域における成功例や失敗例を十分には把握できないであろうし，また，企業等との折衝においても専門的な知識も必要であると思われるので，部分的にでも，その知識や経験を活用することが，計画の遂行にとって効果的であるといえよう．しかし，他方で，地域の政策はそれぞれの自治体で自らの責任で実施すべきものであるから，外部のシンクタンク等に過度に依存するべきではなく，あくまでも政策の遂行においては，自治体の主導権のもとで実行されるべきである．

　地域において諸々の計画を策定する際には，まず，地元の人々の要望を的確に把握することが重要である．近年では，人々の価値観が多様化しており，政策担当者は，その多様化したニーズをどのような形で政策に反映させるべきかを慎重に考慮しなければならない．一般に，人々の要望に対して財源は限られているから，それらの要望のすべてに応えることは不可能であろう．それだけに，自治体が政策を策定する場合には，人々の意向に沿う形で優先度を決定する必要がある．

　地域の人々の意向や苦情を受けつけるために，各自治体は，広聴の窓口を設置している．また，議会や首長等への陳情を通じても，住民の要望は伝えられる．このような手段を通じて，住民が行政に期待していることを容易に伝えることができれば，行政当局としては，それらの意見をも参考にして，住民の要望の緊急性や実施すべき政策の優先順位等を決定することができる．とりわけ，地域振興を意図する計画においては，地元の住民や企業等の要望を十分に踏まえておくことが，その種の計画策定における不可欠の前提条件といえるであろう．住民の意向を十分に把握し，それを計画に取り込んでいれば，その計画の実施に際して，住民の同意を得つつ円滑に進められることになると思われる．

市町村等の地方自治体が各種の政策を実施する場合には，国あるいは都道府県等との連携や協力が重要である．地方分権が推進されて地方自治体の自主性が増しているとはいえ，補助金や交付金の交付の制度は存在している．また，法律や規則の解釈や，それに基づく財源等の枠組みについては，相変わらず，国等に依存している．国にとっても，大規模な地域開発や公共事業等を実施する際には，地元の理解を得られなければ事業を容易に進めることができない．その意味で，地方自治体も国も相互に協力して，それぞれの事業を実施する必要がある．

　最近では，地方自治体が各種の政策を実施する際に，行政当局自らがサービスを提供するばかりでなく，地域の自治会やボランティア，NPO等の協力を得てサービスを提供することも多くなっている．言い換えれば，行政活動の一部に住民が参加するようになってきている．このような住民参加の方式としては，大別して，2つのタイプがある．第一のタイプは，「まちづくり」の計画作成への住民参加であり，また，第二のタイプは，従来の行政サービスを行政当局に代わって民間団体が提供するものである[18].

　「まちづくり」への住民参加は，市町村等の審議会に一般公募の委員を参加させたり，計画策定の途中でインターネット等で住民の意見を聞いたり，さらに，公聴会を開催したりする形で実施されている．それらの場で聴取した意見や要望が，住民の意思として何らかの形で計画に採り入れられる．また，審議会等においても，商工会や農業団体，有識者，等の他に，自治会やNPOなどからも委員が出るようになっており，住民の多様な意見をできるだけ反映させようとする努力が見受けられる．

　また，近年では，自治体に代わって，民間の団体が行政サービスの一部を住民に提供している．多くの地域で，ボランティア団体やNPO等が結成され，それらの団体が多様な社会的活動を担うようになっている．それらの団体は，従来の公と民という二分法の枠組みとは異なり，いわば，新たな公共性を持つ組織としてその活動を続けている．このような団体は，従来の規則や方式にとらわれずに，身近な住民の要望を満たすのに役立っており，また，自治体が行うよりもすばやく，また，安価にサービスを提供できることも少なくない．

　国内の各地域でNPOやボランティア団体が結成され，その活動が活発に行われている．その背景には，概して，人々の生活が豊かになり，時間的な余裕

のある人々が増えてきたことがあると思われる．特に，団塊の世代の人々が現役から引退し始めており，彼らはまだ能力も意欲もあまり衰えていない．また，彼らは，自己の貯蓄に加えて年金や退職金の制度によって生活面で不安が少なく，環境問題や福祉，社会教育，国際交流，等々に強い関心を持っており，社会貢献への意欲が高い．団塊の世代だけではなく，それ以前から活発に活動している団体も少なくない．また，最近では，多数の若者が，ボランティアとして活動している．その種の活動が高く評価される雰囲気が，次第に社会に定着してきている．地方自治体としても，そのような人々と協力する仕組みを準備することによって，費用の節減を図ったり，きめ細かなサービスを住民に提供することができるようになると考えられる．

　地域の人々が協力して地域社会の役に立つ活動をする例は，多方面において顕著に見られるようになっている．たとえば，大都市やその周辺の地域では以前は近隣との付き合いをしないことが多かったが，近年では，自治会や種々のボランティア団体等の活動が増えてきている．その活動範囲は，防犯や防災のための自主的な見回り，一人暮らしの高齢者等への訪問，通学する児童等の見守り，近隣公園の清掃など，多岐にわたっている．また，住民は，地域の自然環境や社会環境の保全や，地元の小学校や中学校の運営や行事へも参加するようになっている．

　地元の人々は，以前は公共サービスの一方的な受け手であったが，近年では，そのサービスの提供に協力したり，自ら団体を組織してその種のサービスを提供したりしている．彼らは，地域住民の身近なニーズを行政当局よりもよく知る立場にあり，求められるサービスの内容ばかりでなく，その提供の方式や適切なタイミングについても，よく理解していると思われる．そのうえ，本来，自発的な活動として行われているので，サービスの提供に掛かる費用は，自治体等が提供する場合に比べて，安価になることが少なくないであろう．

　他方で，地方とりわけ小規模自治体や小規模集落においては，従来，行われてきた自治活動の継続が難しくなってきている．そのような地域では，若年層の多くが進学や就職のために地元を出て，そのまま戻ってこないことも少なくない．その結果，高齢者がほとんどを占める地域も各地で見られる．以前は，地域住民が共同して，清掃，水路や道路の補修等の作業を行ったり，田植えや収穫期に相互に協力してきたが，近年では，作業をするのに必要な体力のある

人々が減少してきている．さらに，消防団など防災や防犯等の活動を担える人々も減っている．地方自治体は，ナショナル・ミニマムを満たすような性質のサービスについては最終的には責任を果たすことになるが，その管轄するすべての地域に人員を配置したり，施設を設置したりすることは，予算の制約を考慮すれば困難になっている．

しかし，地域によっては，地元の人々が，外部から転入してきた人々も含めて，自分たちの工夫と努力を通じて，地域社会を維持し，また，地場産業を振興させたりしている．すなわち，自治会の活動を無理のない程度に活発化したり，特産物を栽培して住民の収入を増やしたりしている．それは，また，雇用機会をも拡大しており，住民の定着化や新住民の誘致に繋がる可能性もある．このような活動を推進するためには，それを提案し先頭に立って実行する人材が何よりも必要であり，地元の人々ばかりでなく，外部からの人材の導入も含めて考慮すべきであろう．そして，自治体も，このような動きを積極的に支援することが，地域振興のために望ましいと考えられる．

国も地方自治体も，それぞれ，現在では，非常に広範な役割を担うようになっている．しかしながら，国や地方自治体が自らそのような役割を果たそうとすれば，財政的にも膨大な負担となるであろう．また，先にも述べたように，政府としての国や地方自治体は，種々の理由から，その運営面で非効率な要素を持っている．したがって，国や地方自治体の活動範囲は一定の範囲に抑制して，その活動の一部を民間に委託したり，民間と連携して事業を行ったりする方が，経費の面でも節約になると考えられる．

地方自治体等が何らかの事業を実施する際に民間と連携することは，公民連携（PPP-public private partnership）とよばれている．その1つの形式であるPFI（public finance initiative）は，公共施設の建設や管理等に民間の資金や経営手法を導入して効率的な運営を行うことを狙いとしている．また，最近では，地方自治体等が公共施設の運営を民間の団体に委託する指定管理者制度も導入されてきている．たとえば，公立図書館の運営を民間企業に委託する例は，各地で見られるようになっている．また，公民館等の運営も，自治体の職員ではなく，地元から応募した人々に委ねることが多くなっている．それは，単に経費の節約に有効であるばかりでなく，地域の事情や地元の人々の要望をよく知っている管理者を選任することによって，その種の施設を円滑かつ効果的に運

営できるという利点もある．これも，ある種の住民参加となっているといえよう．

　近年では，各種の規制改革を経て，国と地方自治体の関係も徐々に変化しており，地方分権が多くの分野で進展している．その中で，地方自治体の果たす役割は大幅に拡大している．一方では，人々が住む身近な自治体として生活に密着した諸種のサービスを提供する必要があり，他方では，住民の定着や自主財源の獲得のために企業等を誘致したり，地場産業の振興を図ったりする必要性が高まっている．少子・高齢化が進んでいる社会的背景のもとで，人や企業等を外部から呼び込むことは容易ではない．そのような誘致活動は多くの自治体において行われており，いわば，地方自治体間の競争となっている．各自治体は，それぞれ，気候，交通の便，インフラの整備など，その地の魅力づくりを行い，勧誘のための活動を行う必要があると思われる．また，地元の人々や専門家の協力も得て，従来の産業を一層活性化させることも重要である．自治体は，また，経費の節約のためにその事業の一部について民間と連携したり，地元の人々の協力を要請することも必要である．このような観点から，各自治体は，実現可能な地域振興計画を策定し，遂行して行かなければならないであろう．

注
1　これらは，広義の市場の失敗（market failures）とよばれるものである．
2　これらは，市場の失敗に対して，広義の政府の失敗（government failures）とよばれる．
3　H. ライベンシュタイン（Leibenstein）の指摘したX非効率といわれる問題である．
4　ハンセン（A.H. Hansen）がケインズ理論に基づいた政策論として体系化した「補整的財政政策論」が，現実の政策論として適用された．
5　景気停滞と物価騰貴が併存する状態のこと．
6　マネタリストの代表者であるフリードマン（M. Friedman）が提唱したもの．すなわち，その経済に存在する資本や技術，労働市場の構造等によって決定される一定水準の失業率であり，マクロ的な需要政策では操作できないとされる．
7　野口悠紀雄，『1940年体制』，東洋経済新報社，1995年．
8　マスグレイブ（Musgrave, R.A.）は，公共財を，いわば純粋の公共財としての社会財（social goods）と，価値財（merit goods））とに分類している．
9　非営利組織（Non-profit Organization）とは，その活動の目的として利潤を追求せず，あるいは，利潤を関係者に分配しない組織のことである．
10　国から地方自治体への資金の配分については，通常の補助金や交付税のほか，特定補助事業については，不足資金を地方債で調達した場合には，交付税を通じてその償還のた

めの資金援助が受けられる仕組みとなっている.

11　西尾勝,『地方分権改革』,東京大学出版会,2007年7月,pp.29-30
12　前掲書,p.38
13　前掲書,p.83,地方債の起債については,2006年に許可制が原則廃止となり,事前協議制が採用される.
14　岸真清,島和俊,浅野清彦,立原繁,『ソーシャル・ビジネスのイノベーション』,同文館出版,2014年3月,第1章
15　井堀利宏,『政府と市場――官と民の役割分担』,税務経理協会,1999年 pp.213-216
16　松谷明彦,『「人口減少経済」の新しい公式』,日本経済新聞社,pp.91-92
17　玉沖仁美,『地域をプロデュースする仕事』,英治出版,2012年,pp.12-15
18　奥野信宏,『公共の役割は何か』,岩波書店,2006年,pp.111-112

参考文献

（1）　井堀利宏（1999）『政府と市場――官と民の役割分担』税務経理協会
（2）　宇都宮深志編（1990）『サッチャー改革の理念と実践』三嶺書房
（3）　奥野信宏（2006）『公共の役割は何か』岩波書店
（4）　岸真澄・島和俊編著（2000）『市民社会の経済学』中央経済社
（5）　岸真澄・島和俊・浅野清彦・立原繁（2014）『ソーシャル・ビジネスのイノベーション』同文館出版
（6）　三枝康雄（2013）『地域経営・企業経営の新潮流――ソーシャルビジネスリサーチ現場からの報告』メタモル出版
（7）　島和俊（1987）「公共サービスと民間サービスの分担」（『地方自治職員研修』第20巻第2号）公務員研修協会
（8）　鈴木克也監修（2012）『ソーシャル・ビジネスの新潮流――日本におけるダイナミックな展開を目指して』エコハ出版
（9）　玉沖仁美（2012）『地域をプロデュース』する仕事』英治出版
（10）　西尾勝（2007）『地方分権改革』東京大学出版会
（11）　日本経済政策学会編（1995）『日本の社会経済システム――21世紀にむけての展望』有斐閣
（12）　Stiglitz, Joseph E. (1986) "Economics of the Public Sector", W.W. Norton & Co.L td.

第2章　地方創生の金融規制改革

岸　真清

1．地域経済の課題

　地域経済の活性化が喫緊の課題になっている．人口減少・高齢化問題が日本の経済・社会にのしかかる中で，地域社会は人口流失に悩んでいる．若者を呼び寄せ，高齢者に元気を与える手段が待たれている．政府もこれまで手をこまねいてきたわけではなく，様々な地方創生政策を試みてきた．アベノミクスを見ただけでも，第三の矢であった成長戦略（日本再興戦略），「一億総活躍社会」を目指す「新三本の矢」，地方創生を強力に推進する「まち・ひと・しごと創生方針2015——ローカル・アベノミクスの実現に向けて——」と矢継ぎ早であった．ローカル・アベノミクスも，毎年，新たな方針が打ち出される中で，2018年には情報支援，人材支援，財政支援を軸とする地方版・三本の矢を提示している．

　しかし，これらの政策にもかかわらず，なぜ，地方創生が達成されないのであろうか．地域社会の主役であるはずの住民（市民）の意志を反映する仕組みが不十分であったことが，主因ではないのであろうか．

　地域の最も小さな単位は家族であり，近隣に暮らす人々が集うコミュニティである．コミュニティビジネスは，中小企業・小規模事業（零細事業：マイクロビジネス），ベンチャービジネス，農業などの営利型のビジネスと，医療・介護，教育・子育て，環境保全業務のように非営利型のビジネス（ソーシャルビジネス）によって構成されている．

　コミュニティを基盤とするコミュニティビジネスが地域経済の牽引車であると思われる．その理由は，コミュニティビジネスが住民（市民）の労働への自主的，積極的な参加を促し，特に高齢者の知識や貯蓄を活用することによって，生き甲斐のあるコミュニティを構築する役割を持っていると思われるからである．また，コミュニケーションが密なコミュニティにおいて，アイデアと技術革新を生む可能性を信じることができるからである．

しかし，これからのコミュニティおよびコミュニティジネスを考えるとき，地方を取り巻く環境の変化が生じていることに注意を払わざるを得ない．

　第一に，不十分とはいえ，ボトムアップ型経済・社会が到来しつつあることを感じさせる．コミュニティビジネスの弱点は資金調達の難しさにあるが，それを緩和すべく中央政府の補助金や政府関係金融機関を通じて資金供給されてきたのが，民間金融機関の資金供給，地方政府の住民参加型市場公募地方債（住民公募債）さらに民間金融機関，企業，市民を主役とするコミュニティファンドに代わりつつある．加えて，最近では，クラウドファンディングも活用されるようになっている．官から民への流れに沿って，官の中では地方自治体（地方政府），民の中では個人の参加が目立つようになっている．同時に，中央・地方政府，地域金融機関取り分け協同組織金融機関，NPO・NPOバンク，市民団体，大学などの協業，連携も進展しつつある．

　第二に，地域社会が有する潜在能力が発揮されるようになっている．もともと日常生活のコミュニケーションを通じて，アイデア，技術革新が生じやすい環境にあったはずであるが，最近，新しい特産品の生産や観光サービスなどの提供が活発化している．また，高度な部品産業などのニッチ生産が行われるようになり，域内だけでなく海外にも輸出される事例も増えている．地域発グローバル化と地域内での循環が両立する多様化が進展するものと思われる．

　第三に，電子化社会がコミュニティビジネスを活性化する可能性が高まっている．インターネットを通じた地域ブランドの再生や新製品の開発・販売や，資金の融通によって，収益の獲得を目指す小規模な取引を活性化するものと思われる．また，フィンテック，クラウドファンディングの伸長に繋がり，市民の直接参加を促すことになる．

　市民主役，協業の共助社会を理想とする本章の目的は，環境の変化を念頭に置き，コミュニティビジネを活性化する資金調達の方法を論じることにある．そこで金融規制緩和の重要性を考察するとともに，その前提となる投資家・市民の保護を目的とする規制強化の必要性を指摘する．

　そのため，2節で，なぜ，コミュニティビジネスに期待をかけるのか，その可能性をコミュニティの特質とコミュニティビジネスが有する収穫逓増の可能性に求める．3節と4節はいずれもコミュニティビジネスの資金調達を取り上げる，3節では，コミュニティビジネスの資金調達の型に触れた後で，地方創

生を目的とする中央・地方政府の資金チャンネルを検討する．4節は，民間サイドの資金チャンネルを，民間金融機関と市民の直接参加から考察する．また，新しい資金チャンネである少人数私募債とクラウドファンディングについて述べる．続けて，5節では，まず，市民の参加可能性を，家計のバランスシートから検討する．しかし，それを促進，保証するのが適切な規制である．米国の事例を参考にして，共助社会にふさわしい規制緩和と強化を論じた後で，若干の提案を行うことにする．

2．コミュニティビジネスにかかる期待

2.1　新しいコミュニティ

　コミュニティとは，住民同士が仲間意識や相互扶助の感情を持ち，相互にコミュニケーションを行っている集団のことである．少子・高齢化社会対策として，コミュニティおよびコミュニティビジネスの活性化による地方創生を提案するのが，「生涯活躍のまち」構想である．地域住民を主役とする構想は，誰もがコミュニティの一員として生き甲斐を持ち，それぞれの経験や能力を活かして，できる限り長く活躍できるような地域づくりを狙いとしている．

　遂行のポイントは，国，地方公共団体，事業主体の協業にある．すなわち，国が地方公共団体や事業主体を支援するため，情報支援，人的支援，政策支援を行う一方，地方公共団体は，地方の特性や強みを活かして具体的な構想を検討し，地域の関係事業者等と協力しながら，地域再生計画の作成，選定，生涯活躍のまち形成事業計画の作成等を行う．そして，運営推進機能を担う事業主体（地域再生推進法人）は，地方公共団体の基本コンセプトを踏まえ，地域交流拠点の設置やコーディネーターの配置，関係事業者との連携により，入居者に対するサービス提供やコミュニティの運営を行うことになる．

　魅力ある地域に人々の移動を促すことを目的とする同構想の特徴は，中央・地方政府よりも，市民参加と相互扶助を活用すること，NPOや福祉法人を含めた民間事業者を実施上の軸として，市場ベースでの自立的・継続的な事業を行うことにある．また，住民の参加や自治運営を通じて初期コストと維持コストを低めているので，住民一人ひとりの課題やニーズに応じたきめ細かい対応を可能になることにある．住居と介護・医療設備を整備したうえで，就労，ボ

ランティア活動，地方自治などへの参加を促す構想自体は，東京圏の高齢化問題への対応だけでなく，世代，地域を超えて，広く応用可能な構想と思われる[1].

「生涯活躍のまち」構想は高齢の移住希望者を主対象にしているが，民間主導のコミュニティビジネス，市民の参加，公・民の連携を重視した施策である．しかし，この構想がコミュニティの弱化に歯止めをかけることができるのかどうかは，別問題である．気掛かりになることは，地域拠点構想である．コミュニティを活性化するためには，高齢者とともに若者の活躍に期待が掛かる．そこで，地方から大都市への若者の流れを食い止め，地方に呼び寄せる元気戦略として，地域拠点都市を中核とした拠点つくりが提案されている．しかし，この施策が住民の共鳴を呼ぶとは限らない．というのも，集まっている人々が様々であり，画一的な拠点つくりが市民の希望と一致するとは限らないからである．

元気溢れるコミュニティは，新しい産業だけでなく，伝統産業の再生によっても構築可能である．新たなコミュニティの形成と産業再生はこれまでも試みられ，成功を収めた例も多い[2].本章で強調したいことは，新しい産業とか伝統的な産業ということではなく，計画の立ち上げ時から事業者や市民が加わっていたかどうかである．これまでの成功例の中に，地域ブランドを再生する形で「匠の蔵」シリーズを誕生させた有田焼，機械産業集積地域から生まれた受注基盤を再生する形で新たなマーケット開拓に向けて民と官で取り組んだ鯖江眼鏡フレーム，まちおこし活動から生まれた観光産業を再生する形で，オンパクを誕生させたハットウ・オンパクがある．

これらの成功は，地域産業の存続自体が危ぶまれるという危機感が地域住民や企業家に共有された中で，地域産業再生に向けた新たなコミュニティとでも呼ぶべき人と人との繋がりが原動力になっていた．新たなコミュニティが地域産業の再生に結びつく条件は，①危機感に対して多様な人々の協力から生まれる創造力，②リーダーシップの発揮，③自律的に生成・発展する組織，④活動の継続から生まれる意識・認識の深まりと企業家精神，⑤利害調整を図るためのルールの生成と新たな取引関係の形成，⑥外部経済効果の維持と活動の継続の両立，⑦住民の主体的な活動と結びつく公的機関の存在，これらである．

成功例が示唆するように，市民自らが事業を発案，それにコミュニティおよ

び市町村などの公的部門が協業していくボトムアップ型の意志決定経路が存在していたことを忘れることができない．この意味で，ボトムアップ的な意思決定プロセスと考えられるのが，2017年施行の地域未来投資促進法である．同法は地域の特性を活用した事業が生み出す経済的効果に着目し，これを最大化しようとする地方公共団体の取組みを支援しようとしている[3]．

　基本計画に基づき市町村および都道府県が策定し，国がそれに同意した基本計画に基づいて，事業者が策定する地域経済牽引事業計画を，都道府県知事が承認する手続きを踏んでいる．

　基本計画策定に対する市民の参加の程度を知ることは難しいが，新潟県・燕市の場合，市のウェブを通じて，市民がかかわっていることを知ることができる[4]．燕市地域基本計画は，ものづくりを核として成長分野への挑戦やIoT（Internet of Things: モノのインターネット）を活用した生産プロセスの改善，創業・イノベーションの促進を図るとともに，製造・販売業が一体となって産地産業の強化を図るため，卸商社と産地一貫の製造流通体制を構築する．また，オープンファクトリーを推進して交流人口の増加や地場産業のブランド強化を図り，そのノウハウを農林水産分野にも活用するなど地域の特性を活かした産地の発展を目指すとしている．

　地域経済牽引事業としての承認条件は，①燕市の金属加工業の集積を活用した成長ものづくり分野や燕市の単加工の中小製造業者の集積を活用したIoTの地域展開など地域の特性を活かすこと，②3,700万円を超える高い付加価値を創出すること，③取引額の18.5％増加，雇用者数の16.8％または4人増加，売上げ18.5％増加，雇用者給与等支給額17.6％増加のいずれかの経済的効果が見込まれることである．また，支援機関も新潟県工業技術総合研究所，中小企業大学校三条校，燕商工会議所，地域大学など多岐にわたっている．

　次第に，市民，事業者，地方自治体，中央政府へとボトムアップ型の意志決定チャンネルが浸透しつつあることも，否定し難い．しかし，市民の参加を真に実りあるものにするためには，市民と市町村が定期的な会合を持ち，互いに自己のできる範囲を分担する自治と共助の考え方を強める必要があるように思われる．また，企画が，次々に，一般公開されるようになれば，市民，事業者の参加を促し，コミュニティとコミュニティビジネスを強化するはずである．

2.2 収穫逓増と内発的発展アプローチ

　本章がコミュニティビジネスに期待を寄せる理由は，インターネットを通じて新しいコミュニティを形成する可能性が高まり，そこを基盤として生じる収穫逓増現象の可能性を信じているからである．

　コミュニティにおいて，地域産業の先行きに危機感を持った地元の起業家，地域の有力企業をリタイアした人，更に域外から新たな発想を持ち込む人など多様な人々が共通した意識のもとで，自主的にオープンに参加できる．また，公共的かつ自立的な精神を持つ参加者が，自らを主人公として，個性を最大限に発揮しながら地域内更に地域外への発信を行うことが可能であると考えることができる．

　共感を有する有志によって運営されるコミュニティでは，情報の非対称性が生じる機会が少なく，固定費などの諸経費を低く抑えることになる．加えて，コミュニケーションを取りやすい日々の生活の中で，アイデアを生み出し技術革新を行う機会が生じやすい．それゆえ，収穫逓増の可能性さえ想定され，収益の拡大が実現すると考えられる．前述したように，コミュニティビジネスは，中小企業（小規模事業を含む），ベンチャービジネス，農業のように当初から利益の獲得を目指す事業と，医療・介護，教育，環境関連事業のように当初から利益の獲得を目的としないソーシャルビジネスによって構成されている．

　しかし，ソーシャルビジネスも，政府の補助金などに依存するよりも，組織を存続するだけの資金を自ら得ようとする動きが高まっている．特に，医療・介護の場合，収益事業にまで成長する可能性が高い．本章はコミュニティビジネスの潜在力に期待を掛けている．その根拠をコミュニティに潜在する収穫逓増の可能性に求めることにする．

　これまでの経済モデルを振り返ってみても，収穫逓増は1960年代には新ケインズ派によって，また一般的に収穫逓減を想定するとされていた新古典派内において，1980年代には収穫逓増がすでに認められていたことに着目できる[5]．

　ここで取り上げる新ケインズ派モデル，修正・新古典派モデル，それにコミュニティ・地域を重視する内生的発展アプローチは，いずれも，人々がどのように行動するのかに着目して，個性を重視するところに特徴がある．

　第一に，新ケインズ派の中で，たとえば，カルドア（Kardor）は，新古典派モデルの仮定そのものを否定する．中でも最も重要な否定は，新古典派が嗜

56

好と技術を所与のものとする仮定である．新ケインズ派は所得の増加が消費者の嗜好を変化させ，新しい需要を生み出し，やがて資源の再配分と新技術の開発を促すメカニズムを強調した．また技術の種類と機械化の程度も，産業，企業ごとに異なるが，需要の変化および絶えず生じる技術革新は主として投資によって誘発されることを強調した．それだけに，投資を決行する起業家精神と投資に必要な資金がポイントになる．

投資以外に新ケインズ派が重視している成長要因は，貯蓄率，所得分配，金融部門の機能である．新古典派モデルは，労働者の貯蓄性向は資本収益と賃金分配に影響をおよぼさない．加えて，資本収益率も相互に弾力的に変化するとしている．しかし，新ケインズ派モデルにおいては，現実の生産構造，それを支える金融部門そのものが硬直的であり，諸取引が不確実な要因を持っている以上，収益率，賃金率などのパラメーターが伸縮的であるとは考えにくい．そこでアンバランスを調整する金融機関の役割を重視している．このように，企業家，労働者，消費者，金融機関などの経済主体の行動を強調するところに，新ケインズ派の特徴が見られる．

第二に，新古典派自身も伝統的な新古典派モデルを修正することで，収穫逓増の可能性を指摘している．ローマー（Romar）モデルとルーカス（Lucas）モデルが代表的であるが，知識の蓄積を重視する成長モデルを構築していることで共通している．このうち，ローマーモデルは，個々の企業の生産関数と社会的な生産関数を区別する．個々の企業は企業自身が蓄積してきた知識資本を投入して財を生産するが，知識資本の持つ「スピルオーバー効果」が生じ，社会全体の生産量は社会全体での総知識量に依存することになる．すなわち，総資本の外部効果によって社会的な生産関数が収穫逓増を実現するが，ローマーは企業の資本蓄積が技術進歩をもたらすと考えている．

これに対して，ルーカスは企業よりも人的資本の訓練分野に配分される資金が誘発する生産性の増加に着目する．家計の教育投資や生産過程での学習効果などの人的資本の蓄積を重視していることに特徴がある．すなわち，労働者家計の自発的な教育投資活動が重要な役割を果たすので，市民参加型のコミュニティ社会構築に援用できるモデルであるといえる．

第三に，内生的発展アプローチが地域の制度・社会組織の視点から，企業や家計の行動を強調した考え方を提示している．バルケーロ（Vázquez-Barquero）

にしたがって，内生的発展アプローチの特徴を，次のように表わすことができる[6].

①伝統的な地域発展政策が機能重視の集中的な発展戦略をとるのと対照的に，地域を重視した多極的発展戦略をとっている．②伝統的な政策が大規模プロジェクトを通じた量的な成長を目指すのと異なって，多数のプロジェクトを起こし，技術革新を普及させ制度を構築することを目指している．③伝統的な政策が資本および労働の移動と所得の再配分機能を重視するのに対して，地域資源の活用に重きを置いている．④伝統的な政策のスタンスが中央政府による管理，企業への公的融資，管理上の協業に置かれているのと対照的に，地方政府による管理，企業へのサービス提供，仲介業者を通じた管理，プレーヤーの協業を軸にしている．

要するに，企業や家計の行動を重視する内生的成長論を，さらに地域の制度・社会組織の視点から強調するのが内生的発展アプローチであると考えることができる．市民と企業のニーズの充足を重視して，経済成長は多様な地域で生じるはずであると主張し，大都市に企業を誘致する戦略を採らない．それゆえ，多様な規模の企業が重要な役割を果たすことになる．その際，地方の歴史，技術的・制度的な特徴が成長過程におよぼす影響を重んじ，投資とその配置に関する意思決定過程への市民の参加を通じた，市民による地域変革の意志と能力を活用する政策が取られることになる．

2.3 コミュニティビジネスと産業ビジネス

収穫逓増の可能性を常に求めるのが本章であるが，現実には収穫逓減の程度が高まり，バブル経済が崩壊する姿を幾度となく見せられている．バブルを招くことなく，経済・社会生活を豊かにする市民主役の共助社会が存在し得るのであろうか．共助社会とは，中央・地方政府に依存することなく，しかし個人だけの自助では難しい目的を，市民・住民を主役としてNPO・NGO，地域金融機関，企業，地方政府などすべてのコミュニティ構成者の協業によって解決する社会のことである．

ここでは，共助社会の推進者であるコミュニティビジネスと市場経済を推進する産業ビジネスの視点から，共助社会の意義を論じることにする．筆者は常に収穫逓増を強調するが，収穫逓増現象は共助社会に表れる可能性が高い反面，

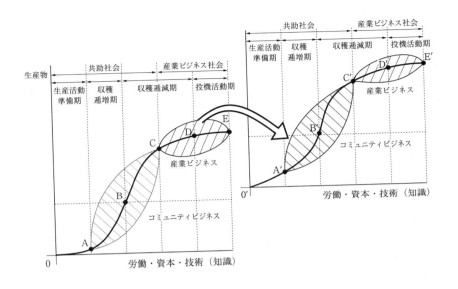

（出所）筆者作成
図2.1 コミュニティビジネスと産業ビジネス

市場経済では限られた局面にだけに表れると考えている．しかし，伝統的な新古典派経済学では一般的に収穫逓減を想定してきたと考えられるので，収穫逓増と伝統的な収穫逓減の概念の双方を取り上げ，収穫逓減を克服ないし緩和する共助社会とその推進者であるコミュニティビジネスの役割を評価，検討することにする．

　図2.1は，収穫逓増と収穫逓減を伴う経済成長経路を表している．縦軸は財・サービス量を，横軸は労働，資本，技術（知識）の投入量を示している．一国の経済・社会は大規模な生産・投資活動の場である産業ビジネスの社会（市場経済の社会）と小規模な生産と日常生活の場であるコミュニティビジネスの社会（共助社会）から構成されていると想定する．

　共助社会は，コミュニティビジネスによって牽引されているが，①消費活動が主であって生産活動の水準が低い生産活動準備期，②コミュニティビジネスが収穫逓増の生産を行う時期，③更に若干ではあるが収穫逓減が始まる時期，これら３つの領域によって構成される．一方，市場経済社会の牽引者は産業ビジネスである．生産量はコミュニティビジネスを超えて拡大するものの，基本

的に収穫逓減期と投機活動期の領域によって構成される.

　図2.1のO点は生産活動が始まる時点, A点の生産は収穫逓増が始まる時点, B点は収穫逓増から逓減への転換点, C点は収穫逓減の程度が高まる点, D点は更に収穫逓減の程度が高まりバブルが発生する点, E点はバブル崩壊点を示している. 実際の生産活動は, コミュニティビジネスの社会と産業ビジネスの社会で行われるが, O点からC点までが共助社会, C点からE点までが市場経済の社会を表わすものと単純に考える.

　共助社会の事業には, 営利型の事業と非営利型の事業が併存している. 営利型コミュニティビジネスの事例として, 本稿は中小企業・小規模事業 (零細企業, マイクロビジネス), ベンチャービジネス, 地域に密着した小型農業および小型観光業を念頭に置いている. また, 非営利型事業としてソーシャルビジネスを対象としているが, 組織の存続だけを目的とする非営利型のソーシャルビジネスだけでなく, 非営利型から出発して収益の獲得を実現するほどまでに成長して営利型ビジネスに変わる医療・介護, 教育事業, 自然環境関連事業を営むソーシャルビジネスの2つの型が存在している. ここでは, これら双方の事業をコミュニティビジネスの一翼として考えている.

　他方, 大企業, 大規模農業, 大規模観光業のような産業ビジネスにも, コミュニティビジネスが規模を拡大して産業ビジネスに発展するケースと, 立ち上げ期から全国および海外展開を行う2つのケースが存在する.

　いずれにしても, 生産活動の増加につれて, 生産曲線はO点からE点への拡大経路を辿ることになる. まず, O点からA点までは生産活動準備期に当たり, 生産量は限られている. 組織存続型のソーシャルビジネスがこの生産活動準備期に当たる.

　その後, コミュニティの成長につれて技術革新が生じ, 収穫逓増が実現するなど生産活動が活発化する. A点からB点までの期間がその状態を表わすが, 生産量が増加する結果, コミュニティの需要を満たすだけでなく, 市場への供給も始まる.

　さらに生産の拡大につれて本格的に市場化が始まる市場化点Bに到達するが, 基本的に収穫逓減が始まる. ここで, 基本的に収穫逓減が始まるというのは, 人々の行動を重視する修正新古典派が説くように, 部分的にではあるが収穫逓増が生じることもあり得るからである. しかし, B点からC点までは, その

程度は低いものの収穫逓減が始まる期間であるとみなすことにする．コミュニティビジネスはＡ点からＣ点までの期間ということになるが，収穫逓増と逓減双方の特徴を持つことになる．

さらに，Ｃ点からＥ点までは生産規模が拡大する産業ビジネスの期間，領域に入る．コミュティビジネスはＡ〜Ｃの期間，領域に留まるケースと，産業ビジネスＣ〜Ｄ更にＤ〜Ｅにまで成長，拡大するケースが想定される．

ただし，前述のように，Ｃ点からＤ点までの期間において，収穫逓減の程度は，コミュニティビジネスの期間よりも大きくなる．更に，Ｄ点を超えると収穫逓減の程度が強まり生産効率が低下するため，資金が生産活動よりも投機活動に向けられがちになり，やがてバブル点Ｅに到達することになる．

本章の狙いは，収穫逓減の程度が強まり過度に投機に向けられる資金特にＤ時点を超える領域に注がれる資金を，他のコミュニティに存在する生産曲線上のＡ′〜Ｃ′の期間とりわけＡ′〜Ｂ′の収穫逓増期に投入することにある．要するに，ほとんど収益が上がらなくなった状況に達した産業ビジネスから将来的に生産が伸びそうな新しいコミュニティビジネスに資金を振り向け，社会全体の生産量を押し上げることにある．資金のこの振り分けが，共助社会だけでなく市場経済の生産水準も高め，Ａ〜Ｅを辿る生産曲線に代え，それを超えるＡ′〜Ｅ′を辿る生産曲線を出現させることになる．

この効果を，コミュニティビジネス（共助社会）と産業ビジネス（市場経済の社会）の資金面から改めて確認してみよう．

共助社会は，収穫逓増と収穫逓減の２つの側面を持っているが，コミュニティビジネスにおいては，規模が拡大，本格的に市場化した後でも収穫逓減の程度は低く，資金面においても，投機的な活動はほとんど生じない．共助社会において収穫逓増現象が生じやすいと考える理由は，個人や小規模事業（マイクロビジネス）が主要なプレーヤーであるため，固定費が低く抑えられること，またコスト構造が柔軟なためイノベーションを生みやすいことによる．

加えて，共助社会では，特にスタート時において，自己資金を主な資金源にしているからである．共助社会も市場経済の社会も貨幣が交換を目的とする通貨として，また生産および投資を目的とする資金として使用されていることに変わりはない．しかし，共助社会に比べ，市場経済の社会では資金としての使用が多くなる．特に市場経済の社会において金融投資が増える場合には，実物

資産に対する金融資産の増加率が高まり，金融資産／実物資産比率を高めることになる．ところが，金融資産の増加によってその収益が逓減した状況のもとで更に金融資産への投資が行われたとしても収益は低くならざるを得ない．

その状況の中で，資金調達の方法に問題が生じる．共助社会では，かなりの程度，自己資金に基づいた生産活動を行う（自己資金を使用せざるを得ない）のに対して，市場経済の社会では自己資金に加えて負債（レバレッジ）の使用が多くなる．この負債依存度が収益率に影響をおよぼすことになる．すなわち，自己資金を中心とする領域であれば，知識の普及，技術の革新が生じると，収穫逓増分だけ収益率が高まり，生産拡大へのインセンティブを高める可能性が高まる．ところが，レバレッジに依存した生産が行われるようになると，資金流出が生じるため，収穫逓減現象が始まる．さらに，レバレッジが増え続けると，D点を超えて資金の流入を相殺し始め，やがて，ネットの資金流入をゼロにしてバブル崩壊を示すE点に到達することになる．

実際，日本のバブル崩壊，アジア通貨危機，サブプライムローン問題の教訓から，バブル崩壊点への到達を妨げる共助社会の構築とそれを支える金融システム構築の必要性を痛感せざるを得ない．そこで，本章は，①市場経済の社会が孕むバブル点への到達を遅らせるため，実体経済にリンクするC〜D期間を重視するか，②収穫逓増現象をもたらす可能性が高いか，少なくとも収穫逓減の程度が低い共助社会に生産要素を移転する手段を選択することになる．しかし，ここでは，図2.1のように，レバレッジが高まったD〜Eの期間の資金を新しいコミュニティであるA′〜C′の期間に移すのが最も望ましいと考えている．新しいコミュニティビジネスは，収穫逓増期A′〜B′の期間と収穫逓減が始まるB′〜C′の期間によって構成されるが，新しいコミュニティビジネスの活性化が新しい生産曲線を押し上げ，社会全体の生産物を高めるはずである．

ところが，収穫逓増領域に入っても，技術（知識）を開発する企業が完全競争のもとで継続的に成長を続けることは可能であるが，社会的最適成長経路と一致する保証はない．つまり，個々の企業投資が社会全体に貢献したほど報われないことがある．その場合，新しい技術を開発した企業に対して，補助金を供与するなど政府の補助政策によって，私的限界生産性と社会的生産性の差額を埋め合わせる必要性が生じる．政府の補助金もその一助となるが，民間資金

自身の移動が生じるならば，循環型経済の持続可能性を高めることになる．本章が共助社会を重視している理由は，民間資金の有効活用に期待しているからである．

　事実，これまで，コミュニティビジネス活性化を目的とする政府と民間側の様々な試みがなされてきた．まず，2000年代以降の地域金融政策を振り返ってみても，2003年3月に金融庁が「リレーションシップバンキングの機能強化に関するアクションプログラム（2003年～04年度）」を策定している．そして，中小企業金融再生と健全性・収益性向上を核とするリレーションシップバンキング（地域密着型金融機関）の機能の強化を推進している．その後，2005年になって，このアクションプログラムが，「地域密着型金融の機能強化に関するアクションプログラム（2005～06年度）」すなわち新アクションプログラムに継承され，①事業再生・中小企業金融の円滑化，②経営力の強化，③地域の利用者の利便性向上を軸とする改革が方向づけられることになった[7]．
　このうち，事業再生・中小企業金融の円滑化に関しては，担保・保証に過度に依存しない新しい型の融資すなわちシンジケートローンや中小企業の私募債引き受け，動産担保融資など市場型間接金融の拡充が図られることになった．同時に，非上場企業を投資対象とするプライベート・エクイティ・ファンド（PEファンド），財務状況が悪い企業の再生を通じて利益を得るファンドである再生ファンドなど，資本市場からの資金調達が重視されることになった．
　次に，経営力の強化に関しては，収益力の向上を目指す一方，リスク，ガバナンス，コンプライアンス，検査・監督体制の強化，協同組合中央機関の機能強化が図られることになった．さらに，地域の利用者の利便性に関しては，知己貢献等に関する情報開示，中，小企業金融の実態に関するデータ整備，地域住民の満足度を重視した金融機関経営，地域再生促進政策との連携，アンケート調査による利用者の評価が取り入れられることになった．
　同様に，金融庁は地域の利便性に関してアンケート調査を実施しているが，それによれば，地域利用者が地域金融機関に期待する項目は，「担保・保証に過度に依存しない融資等」，「経営相談・支援機能の強化」，「創業・新事業支援機構の強化」，「事業再生への取り組み」の他，「金融活動を通じた地域経済への貢献」や「地域再生推進のための各種施策との連携」，「人材の育成」である

ことがわかる.

　これに対して，地域金融サイドでも，自ら情報発信しながら地域経済活性化に取り組んできた[8]. たとえば，留萌信用金庫の場合，留萌支庁と連携して，①人材育成，②新事業創出，③観光新興，④地産商品のブランド化などのテーマに関するセミナー等を企画運営することで，地域活性化を推進している. また，中小企業の人材育成を支援するため，2008年度から中小企業大学校の講座受講料や宿泊料を留萌信用金庫が助成する事業を開始している.

　また，東濃信用金庫の場合，職員が全国の焼き物産地の実踏調査を行い，地場産業である美濃焼の課題と集客交流を切口にした地域活性化策を報告書にまとめ，その成果に基づいて，地域の焼き物事業者との勉強会を開催するなど，地場産業支援を通じた地域活性化を推進している. さらに，鹿児島相互信用金庫の場合は，地域の中小企業が中国やアジア，ロシア等で新市場開拓できるようにするため，「TOBO会」（翔ぼう会）を開催した. また，地域の中小企業のよる養殖ブリや，芋，黒糖焼酎，茶，建設材等の輸出が実現している.

　しかし，なお，地域社会は環境保全および地域産業活性化との共存や事業資金不足の課題に直面せざるを得ない. 環境保全に関しては，地域社会の主体である地方公共団体，NPO，企業，産業団体（企業，農協・漁協・森林組合），近隣（学校. 家庭），個人が一体になった経済活動と環境保全のバランスのとれた活動が重要になる. たとえば，滋賀県全域を営業基盤とするびわこ銀行は，銀行取引を通じて，個人や事業者，環境保全団体地域の担い手に向けて環境保全行動の促進を図っている. すなわち，環境保全を収益事業の１つとして位置づけて，環境保全の融資や預金商品，コンサルティングサービスを地域事業者住民向けに展開するとともに，疑似的な銀行の「環境銀行」を校内に設立して，環境関連事業の損益計算書を公表するなど，環境事業の取り組み収支を明確化している.

　この考え方は，非収益事業であるソーシャルビジネスを収益事業に育てる試みである. 図2.1のO〜Aの領域からA〜Cの領域に発展させる課題であるが，情報がゆきわたる日常生活の中で住民・市民のアイデアが技術革新を呼ぶものと思われる. ソーシャルビジネスが営利事業に育つことでコミュニティビジネス全体の規模の拡大，雇用と所得の増加を実現することになる. しかし，この共助社会を強固なものにする事業資金が不可避である. 以下，この課題を論じ

ることにする.

3 コミュニティビジネスの資金調達

3.1 資金チャンネルの型

　コミュニティビジネスを活性化する条件は，営利型であっても，非営利型であっても，イノベーション，専門家・コミュニティ事業のリーダー，それに事業資金である．これらはいずれも必須であるが，ここでは資金調達の課題を取り上げることにする．図2.1のA点からC点の期間，中でもA点からB点までの期間に位置する営利型の中小企業，ベンチャービジネス，農業，観光業の場合，資金調達が難しいことが多い．さらに，O点〜A点の期間に位置する組織の存続だけを目的とする環境関連事業などのソーシャルビジネスの資金調達は，一層，難しい.

　その理由は，①情報の非対称性が存在し，不確実性とリスクが高くなること，②資金の源泉・使途に関する情報がフォーマットに沿って標準化された書類にされていないこと，また適切な信用記録がないこと．③資産規模が小さく，銀行借入のための担保が少ないこと．⑤規模の経済が不足し，信用評価などに時間と経費を要することによる．このため，特に設備投資のための長期資金が不足することになる．⑥しかも，将来，事業の収益性あるいは少なくとも継続性に期待が持てないと判断される場合には，資金調達は不可能になる.

　資金調達が難しい小規模事業やソーシャルビジネスに資金を供給してきたのが，共助社会の金融システムを象徴するマイクロファイナンスである．マイクロファイナンスは，もともと最貧層が貧困から脱出するための小口無担保融資を指していたが，今日では，それほど貧困でないものの，銀行などフォーマル金融機関から資金調達するのが難しい小規模企業家や個人向けの融資を示すようになっている.

　しかし，一口にマイクロファイナンスといっても，様々な金融機関がある[9].友人・親族，金貸業者のようなインフォーマル金融機関，またNPO・NPOバンクのようなセミフォーマル機関，さらに協同組織金融機関，開発銀行，商業銀行のフォーマル金融機関がある．これらの機関のうち，本章はセミフォーマル金融機関とフォーマル金融機関を主な対象にしている.

まず，セミフォーマル機関に関しては，日本の北海道 NPO バンクや東京コ
ミュニティバンクがセミフォーマル機関の範疇に入るが，米国では地域開発を
主目的とする NPO が代表的な機関である．米国において NPO が小企業を支
援するようになったのは，1980年代半ばであった．その後，1992年に米国企業
庁（Small Business Administration : SBA）マイクロローンが創設されたが，低
所得，女性，マイノリティ企業家などに対する資金供給の促進を目的としてい
た．その仕組みは NPO の仲介によって非営利団体であることを条件として，
SBA の低利資金を小規模事業に融資するものであった．

　続いて，1994年に創設された地域開発金融機関基金（Community
Development Financial Institution : CDFI）は，小規模事業への融資を通じて，
低所得地域の発展を目指した．また，1995年の地域再投資法（Community
Reinvestment Act: CRA）の改訂は，地域開発を主目的とする NPO 向けの投融
資を目的としていた．信用リスクが高い小規模事業向け貸出は回収不良債権比
率が2％にすぎないが，その理由はグラミン銀行と同様，借り手と貸し手の間
の密接なコミュニケーションに基づいたリレーションシップ・レンディングの
手法を用いているためである．しかし，最近では，公的部門からの補助金に依
存するのが難しい状況になったことから，民間からの投資や寄付金を獲得する
など，自主運営を目指すようになっている．

　次いで，フォーマル金融機関のうち，協同組織金融機関は，会員，組合員の
相互扶助を基本理念とする非営利法人として定義され，利益の獲得は主な目的
になっていない．米国の場合，クレジット・ユニオン（credit union）が代表
的な存在であるが，このほか，貯蓄銀行（savings bank）や貯蓄金融機関
（savings & loan association: S & L）が主な機関である．

　日本の協同組織金融機関は，信用金庫，信用組合，農業協同組合，漁業協同
組合がこれに当たる．米国の協同組織金融機関は個人を対象としているのに対
して，日本のそれは中小企業，農・漁業を対象としているところに違いがある
が，両者とも，今後，協同組織の理念を尊重するか収益性を上げるかが課題に
なっている．

　開発銀行は，通常，政府によって所有されるが，小規模事業の発展など特定
の目的を遂行するか，農村開発を目的として特定の地域を基盤とした機関を対
象とする．郵貯銀行や農業銀行もこの範疇に含まれる．他方，商業銀行は，マ

イクロファイナンス志向型銀行（micro finance oriented banks: MFBs）とマイクロファイナンス感応型銀行（micro finance sensitive banks: MFSBs）の２つのタイプに分けられる．前者は，もっぱら，中小企業と小規模事業に融資する金融機関であって，小規模かつ地方に根ざした銀行という特長を有している．他方，後者は，マイクロファイナンスを魅力的な事業と見なす大規模な銀行，金融機関であるが，小さな事業分野にもかまわず，マイクロファイナンス部門に関心を寄せ，参入を決めた銀行である．

従来，銀行部門は，個人向け信用がリスキーであるだけでなく，小口の貸出コストが高くなるため，マイクロファイナンスを敬遠しがちであった．しかし，マイクロファイナンスプログラムのアレンジャーやプロモーターを担当することで収益獲得の可能性が高まるのにつれ，マイクロファイナンスに参入することになった．

実際，マイクロファイナンスに潜在する取引費用や情報の非対称性克服の可能性，小企業経営者の貯蓄能力および自助的な組織形成能力に着目して，マイクロファイナンス事業の立ち上げが活発化している．すなわち，自助，共助的な成長の重要性がクローズアップされるようになっている．

しかし，仮に条件が整って資金調達が可能となる場合，どのような種類の資金によって賄われるのかを考えてみよう．すでに述べたように，コミュニティビジネスには，当初から利益の獲得を目指す営利型のものと，医療・介護事業や教育事業のようにソーシャルビジネスと呼称される非営利型のコミュニティビジネスが存在している．

このソーシャルビジネスも規模の拡大につれて営利型に変わるケースも見られるが，まず，非営利型のソーシャルビジネスのバランスシートを，表2.1のようにイメージすることができる．同図は，収益の獲得を目指さず，組織の存続だけを目的にする状況を示しているが，寄付・会費，補助金・助成金，借入金，住民参加型ミニ市場公募債（ミニ公募債），市民ファンドを主な原資としている．それに，P2Pレンディングやクラウドファンディングも利用可能と思われる．また，自己資金（資本金）も使用される．

ただし，当初は市場競争が不可能な事業であっても，社会的な収益が見込まれる場合には，スタート時に一定額の公的資金を投入することで，競争力を付与するプランも提案されてきた．その代表的なものが社会投資ファンド

表2.1　ソーシャルビジネスのバランスシート
　　　　（組織の存続を目的とする状態）

資産	負債
非営利事業	寄付・会費
	補助金・助成金
	融資・借入
	社会投資ファンド
	ミニ公募債
	官民ファンド
	市民ファンド
	クラウドファンディング
	資本金

（出所）筆者作成.

(SOIT)[10]である．環境整備や看護ロボットのように先端技術を要する事業の社会的収益率が高い場合でも，不動産投資ファンドと異なって私的収益率が低いため，市場経済的な投資が難しい．そこで，私的収益率と社会的収益率の格差をカバーするため，立ち上げ期に一時的に公的資金を導入することでファンドを設立して，投資を実現することになる．

　特に，時間を通じて規模の経済の効果や学習効果が期待できるような場合，社会投資ファンドの意義は大きい．しかし，プロジェクトを立ち上げた後は，通常の民間企業と同様，受益者からの収入でプロジェクトを運用するので，公共事業を民間主導で行う PFI（Private Finance Initiative：プライベート・ファイナンス・イニシアティブ）と異なって，自らの創意工夫が活かされる反面，リスクは負担しなければならない．

　投資ファンドとして投入される公的資金は，従来の補助金とは異なって，プロジェクト発足時に一度だけ投入される資金であって，渡しきりの交付金とでもいうべきものである．プロジェクトの実施分野だけを議会で決定し，その優先順位は資本市場での資金調達の状況に任せることになる．

　次に，事業が拡大して，市場での営利事業を始めると，表2.2のように，組織の維持に必要な資金以上の収益が生じる．その利益が剰余金として残され，投資に回されることになる．その場合，寄付金・会費による資金調達が行われ

表2.2　コミュニティビジネスのバランスシート

資産	負債
営利事業	補助金・助成金
	融資・借入
	私募債
	官民ファンド
	市民ファンド
	P2P レンディング
	クラウドファンディング
	資本金
	利益剰余金

（出所）表2.1に同じ.

なくなる一方，融資・借入，出資が主な資金調達方法になる．つまり，当初は非営利型のコミュニティビジネスとしてのソーシャルビジネスではあったのが，営利事業発展型に発展するソーシャルビジネスは，当初から営利事業を経営する営利型コミュニティビジネスと同様の資金調達を行うことになる.

　コミュニティビジネスの事業資金は，円滑な資金供給を行うため，さまざまな資金チャンネルが形成されつつあるが，主体を基準として3つの型にわけることができる.

　第一に，政府主導型の資金チャンネルを挙げることができる．補助金政策はいうまでもない．しかし，ここでは，官民連携ファンドを検討することにする．第二に，民間金融機関（民間金融）主導型の資金チャンネルを挙げることができる．金融仲介型の資金チャンネルを，協同組織金融機関（信用金庫，信用組合，農業協同組合）とNPO・NPOバンクを中心に検討する．第三に，市民主導型の資金チャンネルとして，住民公募地方債，コミュニティファンド（市民ファンド）のように，地方政府（地方自治体）と市民の連携を考察する．また，新しく導入された直接参加型の少人数私募債とクラウドファンディングを検討する．本節では，まず，政府主導型・官民ファンドを検討する.

3.2　政府主導型・官民ファンド

　地域に密着した産業の興隆とグローバル展開への期待が高まっている．ここに，コミュニティを基盤とするビジネスまたそれを支える資金チャンネルの整

備，金融システムの構築が急がれることになる．この目的の実現にとって，官民ファンド[11]が呼び水的な役割を果たすものと思われる．政府の出資を中心にしながら民間の出資も加わる官民ファンドは，民間がとることが難しいリスクマネーの供給を通じて，地域活性化，新たな産業市場の創設を目指している．

1）官民ファンドの種類

官民ファンドは，2018年9月末時点で，株式会社産業革新機構，独立行政法人中小企業基盤整備機構，株式会社地域経済活性化支援機構，株式会社農林漁業成長産業化支援機構，株式会社民間資金等活用事業推進機構，官民イノベーションプログラム（東北大学，東京大学，京都大学および大阪大学），株式会社海外需要開拓支援機構，耐震・環境不動産形成促進事業，株式会社日本政策投資銀行における競争力強化ファンドおよび特定投資業務，株式会社海外交通・都市開発事業支援機構，国立研究開発法人科学技術新興機構，株式会社海外通信・放送・郵便事業支援機構，地域低炭素投資促進ファンド事業の13ファンドが施行されている．

このうち，特にコミュニティビジネスとしての中小企業，農業，観光業に関連すると思われるのは，それぞれ，2004年7月に最初に設立された中小企業基盤整備機構，2013年1月設立の農林漁業成長産業化支援機構，同年3月設立の地域経済活性化支援機構である．

なお，ここでは，コミュニティビジネスの具体例として，観光業を主な対象にする．その理由は，観光業にも全国版・大企業型と地域密着・中小企業型の観光業の2つのタイプが存在しているが，地域密着・中小企業型観光業の場合，医療・介護や文化・教育活動などのソーシャルビジネスと連携することもあり得る．同様に，コミュニティを基盤として野菜作・花き作を行う農業や陶器・製麺・アクセサリー作りなどの製造業と連携する体験型の観光産業を想定することができるからである．

中小企業基盤整備機構は，中期計画により5年ごとに見直されるが，一般会計出資157億円，それに地方公共団体，中小機構また民間の金融機関および事業会社の出資によって設立されるファンドである．そして，スタートアップ（設立5年未満の起業初期段階）企業の支援，中小企業再生ファンド，中小企業支援ファンドを実施している．その目的は中小企業，ベンチャービジネスに

助言，研修，貸付，出資，助成，更に債務保証，施設の整備，共済制度の運営を行うことで，事業活動の基盤を整備することにあった．監督官庁は経済産業省であるが，2018年9月末時点の累積支援決定金額は4,073億円，実投融資額は3,051億円，誘発された民間投融資額は7,781億円であった．

農林漁業成長産業化支援機構は設置期限を2033年までとしているが，財政出資300億円，民間出資19億円のファンドである．その主要目的は，事業の継続・成長による農林業業者の所得確保・農村漁村の雇用創出であった．そのため，6次産業化に取り組む農林漁業者に対して新商品開発・販路開拓に対する補助を行うとともに，総合化事業計画の認定者に対して，農業改革基金や短期運転資金などの貸付を行っている．監督官庁は農林水産省であるが，2018年9月末時点の支援決定累積額は378億円，実投融資額は106億円，誘発された民間投融資額は457億円であった．

地域経済活性化支援機構（Regional Economy Vitalization Corporation of Japan：REVIC）は設置期限を2026年としているが，政府出資160億円（財政出資130億円，一般会計出資30億円），民間出資101億円のファンドである．監督官庁は内閣府，金融庁，総務省，財務省，経済産業省であるが，2018年9月末時点の累積支援決定金額は1,031億円，実投融資額は378億円，誘発された民間投融資額は1,111億円であった．

REVICはもともと2009年に設立された企業再生支援機構を改組したファンドであり，企業再生支援機構とほぼ同様の役割を担っている．すなわち，①地域での新サービス創出や事業の成長拡大および株式公開を目指す事業者を支援する活性化ファンド業務，②有用な経営資源を持つ事業者，病院・学校等の事業再生支援を行う事業再生業務，③企業債務と経営者の保証債務の一体整理による再チャレンジを支援する経営資源を持つ事業者，病院・学校等の事業再生支援を行う再チャレンジ支援業務，④ファンドへの有限責任組合員（Limited Liability Partner: LLP）出資を通して地域経済活性化・事業再生を支援するファンド出資業務，⑤事業再生のノウハウを活かした幅広い再生支援を行う事業再生関連業務，⑥REVICの持つ知見やノウハウを活用して，地域金融機関等が行う事業性評価や事業者の課題解決に対して助言を行う専門家を派遣する特定専門家派遣業務を行っている．

このうち，地域金融機関などと協業，支援する形で運営する活性化ファンド

業務の資金は，政府の保証の下で借入金および社債発行によって賄われている．なお，活性化ファンドには，観光産業支援ファンド，ヘルスケア産業支援ファンド，地域中核企業支援ファンド，ベンチャー企業・成長企業支援ファンド，震災復興・成長支援ファンドが含まれている．

　これらのファンドの中で，観光産業支援ファンドは，①古民家リノベーション，民伯，体験型旅行旅などの消費ニーズ，②格安レンタカー，カーシェア，LCC（Low Cost Carrier: 格安航空会社）などの移動手段，③スマホ・タブレット端末，ソーシャルメディア，クチコミ，CGM（Consumer Generated Media: 消費者生成メディア）などの情報入手経路の多様化に対応する必要に迫られている観光業者に資金と人材の双方からサポートする目的を有している．2014年4月に設立された52億円のこのファンドには，全国型ファンドと地域別ファンドがある[12]．

2）全国型観光支援ファンド

　全国型ファンドである観光活性化マザーファンド投資事業有限責任組合は，日本政策投資銀行がREVICおよびリサ・パートナーシップと共同して2014年4月に組成した観光特化型，総額13億円の地域活性化ファンドである．その目的は，観光産業への投融資を通じ，地域活性化の新たなモデルを創出することにある．すなわち，3者のネットワークを活用し，地域の金融機関とも協力また地域内・広域での企業間の連携や再編にも取り組むものである．地域限定の子ファンドへの出資および観光拠点運営・交通・情報発信・飲食・宿泊を含む幅広い観光関連事業等への直接の投融資を通じて，地域経済の活性化に資する観光産業の成長と発展を支援するものである．

　さらに，2019年6月，総額30億円の観光遺産産業化ファンドが創設された．文化財とそれを育んだ地域の持続的な維持発展を図ることを目的として，観光庁と（株）REVICを連携させるファンドであるが，北洋銀行，岩手銀行，横浜銀行，山梨銀行，郵貯銀行，観光産業化投資基盤が構成員になっている[13]．

　官民ファンドの目的はリスクマネーの提供に留まらない．観光事業に知見のある経営人材の派遣を行うとともに，実現した事業モデルの他地域への展開を図ることで，地域にとって真に価値ある持続的な観光産業の創出・発展・成長を推進し，観光を通じた地域経済の活性化を目指している．

上述のように，官民ファンドは，民間では難しい長期資金を供給することで，地域経済，観光産業の活性化を支えるものと考えることができる．しかし，官民ファンドが民間金融の貸出，投資を阻害する結果を生むようなケースもあり得るだけに，官民ファンドに頼り切ることはできない．というのも，5年ごとに設置期限を見直す中小企業基盤整備機構と（株）国立研究開発法人科学技術振興機構を除き，その他のファンドは設置期間が10年以上と長期にわたっている．リスク性が高い長期資金とはいえ，プロジェクトの効率を評価するため，できるだけ期間を短くする必要がある．また，地域のニーズに対応するために，民間金融機関などとの連携の強化がポイントとなる．

3）地域別観光支援ファンド

　地域別観光支援ファンドは，北海道地域，関東地域，中部地域，近畿地域，四国地域，九州・沖縄地域それぞれに設立されている．これらのファンドの事例として，八十二銀行（長野県）と地域経済活性化機構の協業を軸とする「観光地まちづくりモデル構築による観光地の面的活性化に向けた取組み」を取り上げてみると，次の特徴が見られる[14]．

　プロジェクト推進主体である ALL 信州観光活性化投資事業有限責任組合は，2015年3月に設立されたファンドである．組合員は，八十二銀行，長野銀行，長野県信用農業協同組合連合会，長野県信用組合，長野信用金庫，松本信用金庫，諏訪信用金庫，飯田信用金庫，上田信用金庫，アルプス中央信用金庫，地域経済活性化支援機構，REVIC キャピタル，八十二キャピタルであり，存続期間は7年である．業務運営者は REVIC キャピタルと八十二キャピタルであるが，観光消費等の増大を図る「観光まちづくり」および地域の経済・雇用を支える観光産業の発展に向けた取組支援を目的としている．

　支援の背景になっていたのが，訪日外国人に "SNOW MONKEY" として著名な湯田中・渋温泉郷や志賀高原を有する山ノ内町での空き店舗などの発生，寂れた，街並み，地域の担い手の不足，地域連携の不足の悩みであった．そこで，八十二銀行が，町出身の若手によって運営・推進されている観光まちづくり会社「（株）WAKUWAKU やまのうち」の支援に乗り出すことになった．REVIC との合意の下，また長野県内に本店を置く多くの金融機関の賛同，出資を得て，ファンドを設立した．

設立の目的は，「（株）WAKUWAKU やまのうち」の観光まちづくりの基本コンセプトを明確にすることにあったが，湯田中・渋温泉の観光資源の再整備，ターゲットを絞った情報発信を通じて集客増に繋げるとともに，地域の空き店舗などの不動産を集約することで魅力的な街並みの構築を図っている．また，まちづくり会社の役員として地域出身の若手人材が加わったほか，八十二銀行から監査役，気候から経営や観光事業等のノウハウを活かした専門人材がハンズオン（成果創出に対するコミット）支援を実施している．

さらに，地域の建築物や街並み整備のため機構と日本建築家協会が包括的協定を締結，すなわち，地域活性化に取り組む人材を確保するとともに地域間，事業者間の連携を強化した．

その後も，以下のような取り組みが行われている．①地域内の事業者，住民，行政体等が積極的に意見交換するまちづくり委員会を組織し，地域一丸となった地域活性化モデルの構築を行っている．②オリンパス，志賀高原観光協会，プリンスホテルなどの地元団体組織の協力を得て，ナイトフォットツアーを行っている．③まちづくり会社が中心になり，行政と連携し，観光庁観光地魅力創造事業に採択されている．同事業の中で，街並み整備事業ならびに映像コンテンツ・HP制作事業を2015年12月〜2016年3月に実施している．④パイロット地域である山ノ内町の観光活性化の取組の加速化と，DMO（Destination of Management: まちづくりの舵取り役会社）の育成を目指している．

4．市民参加型資金チャンネル

4.1　金融仲介型資金チャンネル

地域別観光支援ファンドのように，官民ファンドと地域金融機関の連携が実施されていることは確かである．しかし，更に地域のニーズに応えるためには，地域金融機関特に身近な協同組織金融機関を活用する間接金融型の資金チャンネルを強化するか，市民ファンドやクラウドファンディングなど住民・市民を主役とする直接金融型の新しい資金チャンネルの活用が効果的と思われる．ここでは，まず，協同組織金融機関を軸とする間接金融機関の連携の強化について考えてみよう．

表2.3 金融機関の預貯金，貸出，預貸率

（単位 億円）

	1995	2000	2005	2010	2015	2018
都市銀行						
預貯金残高	2,228,292	2,119,927	2,449,615	2,576,384	3,037,972	3,659,640
貸出金残高	2,182,725	2,129,345	1,854,445	1,733,515	1,850,789	1,926,110
預貸率（％）	98.0%	100.0%	75.7%	67.3%	60.9%	52.6%
地方銀行						
預貯金残高	1,669,717	1,785,490	1,885,784	2,097,915	2,450,511	2,651,511
貸出金残高	1,352,970	1,367,061	1,395,774	1,555,948	1,831,849	2,066,818
預貸率（％）	81.0%	76.6%	74.2%	74.2%	74.8%	78.0%
信用金庫						
預貯金残高	976,145	1,050,377	1,103,111	1,208,008	1,357,826	1,445,832
貸出金残高	704,939	680,123	631,723	640,628	671,983	717,720
預貸率（％）	72.2%	64.8%	57.3%	53.0%	49.5%	49.6%
農業協同組合						
預貯金残高	694,278	726,811	797,046	866,376	968,381	1,047,216
貸出金残高	186,896	214,838	205,894	224,276	207,026	205,476
預貸率（％）	26.9%	29.6%	25.8%	25.9%	21.4%	19.6%

（出所）農林中央金庫『農林金融』各年次版より作成.

1）協同組織金融機関に掛かる期待

　地域金融機関とりわけ信用金庫，農業協同組合などの協同組織金融機関との連携に期待を掛ける理由は，次のことによる．すなわち，協同組織金融機関が低い取引コストに加えて，地域を地盤としているだけに情報の非対称性を比較的容易に克服できるという利点を持っているからである．しかし，その反面，営利事業だけでなく，非営利事業も対象としているので，収益獲得に制約を受けがちになる．それも一因となって，地域の資金を地域に還流する本来の機能が発揮されているとは言い難い状況が続いている．

　実際，表2.3のように，信用金庫と農業協同組合の預貸率（貸出／預貯金）は，都市銀行，地方銀行に比べて低い．2018年末の信用金庫の預金残高144兆5,832億円に対して，貸出残高は71兆7,720億円であり，預貸率は49.6％であった．同様に，農業協同組合の場合，同年の貯金残高104兆7,216億円に対して貸出残高は20兆5,476億円，預貸率は19.6％にすぎなかった．同年の地方銀行78.0％，都

市銀行の預貸率52.6％に比べて低くかった．

　また，1995年から2018年の趨勢を見ても，信用金庫の場合，72.2％から49.6％に低下，農業協同組合も26.9％から19.6％に低下している．都市銀行，地方銀行，信用金庫，農業協同組合とも預貸率が低下しているが，地方銀行がそれほど低下していないのに比べ，信用金庫と農業協同組合の低下が目立っている．

　その理由は，有望な借り手を発掘するだけの情報生産機能が発揮されていなかったことによると思われる．それだけに，協同組織金融機関などの預貸率を高め，どのようにして地域，コミュニティの投資活動の活性化と資金チャンネルを強化するかが課題になっている．しかも，地域には，人口減少，企業間ネットワークの不足，環境保全活動の必要性，事業資金の不足という特有の課題が存在している．

　そこで，金融および実物経済サイド双方の課題を克服するため，コミュニティの主役である市民と，企業，金融機関，NPO，地方政府，大学などとの協業が重視されることになる[15]．①人口減少対策に関しては，協同組織金融機関が新事業創出や経営革新に取り組む中小企業を支援するようになっている．たとえば，大地みらい信用金庫は，地域の豊富な天然資源を活かし，地域の新事業創出に向けた取組を支援，地域外から人材を引き寄せる魅力のある産業や地域づくりを目指している．そのため，新規事業の創出を主目的とする根室産業クラスター創造研究会と，既存企業の事業転換や再生を主目的とする大地みらい信用金庫企業家支援センターの運営に取り組んでいる．

　②ネットワーク作りを目的として，金融機関を仲介者とする大学との協業が行われている．たとえば，多摩信用金庫は，中小企業，支援機関，大学が集積する地域で，創造支援，技術・経営アドバイスなどの事業支援，支援機関との協業を促進している．同様に，朝日信用金庫は，産学官連携による新事業創出支援を重視して，地域の中小企業が多様なシーズを活用できるように，キャンパスクリエイトの協力を得て，地域外の大学とのネットワーク作りを目指している．

　③環境保全にとって経済活動とのバランスが不可避であるが，中小企業や住民等地域の担い手が一体になって負担問題を解決せざるを得ない．びわこ銀行は，事業者が大気汚染や水質汚染を防止するために設備投資を行う場合に貸出

金利を優遇している．一方，住民に対しても，オール電化住宅や太陽光発電機など環境配備型の設備の設置や低公害車を購入する際に貸出金利を優遇するだけでなく，水質改善を条件にして預金金利を優遇している．

④小規模事業への貸出は情報の非対称性が高くリスクを伴いがちであるが，その対応策として融資の協業が行われるようになっている．たとえば，新庄信用金庫の場合，バイオマスの活用にとって不可欠な生物資源の循環利用を支える諸機関の支援，地域の農業者，中小企業，住民，大学などの仲介や行政機関への申請支援，さらに的確な審査とスムーズな決済を可能にするなど地域金融機関の特性を活かした資金面の支援を行っている．

金融機関とりわけ協同組織金融機関だけでなく地方銀行，第二地方銀行などを含めた地域金融機関と地方公共団体との連携が行われるようになっている[16]．

①金融機関の地域経済・産業に関するデータや分析等，②地方版総合戦略の前提となる地域経済・産業分析，③総合戦略推進組織への地域金融機関の参加，④事務ベースでの地方版総合戦略の検討に関する協議，⑤KPI（重要業績評価指標）の策定や見直しに関する金融機関のノウハウ活用，⑥地方創生に関する事業のサービスや経営等の改善について金融機関ノウハウの活用，⑦特定の分野に関する広域にわたる地方公共団体の連携についての金融機関の連携やネットワークの活用，⑧金融機関の投融資の連携，⑨埋もれている地域資源のブランド化，販路改革等についての金融機関のノウハウやネットワークの活用，⑩ローカル10,000：プロジェクト（雇用吸収力の大きい地域密着型企業を10,000事業程度立ち上げるプロジェクト）等創業における金融機関との連携，⑪「ふるさと投資」スキームの運用における地域金融機関との連携，⑫地域中小企業の経営改善や事業再生支援における金融機関との連携，地域で活躍する人材確保のための金融機関のネットワークの活用，⑬円滑な事業承継における金融機関との連携が見られる．

連携の目的は，①地域産業の競争力強化などを通じて，地方での雇用を確保すること，②地方拠点機能強化や地方移住を推進することによって，新しい流れを形成すること，③若者の正社員雇用拡大，結婚・出産・子育て支援，ワーク・ライフ・バランスを実現させることで，夢のある地域社会にすること，④中山間地域等における「小さな拠点」作りを通じて，新しいコミュニティを構築することを主眼としている．

これらの目的にとって不可欠な資金は，地域金融機関が運転資金（短期資金）を融資する一方，設備資金（長期資金）は REVIC と地域金融機関が出資する地域活性化ファンド，また地域金融機関の融資という直接および間接金融手段が使われている．

２）NPO・NPO バンク
　民間の非営利組織（NPO）は自発的に参加するメンバーで構成されているが，今後，中央・地方政府と市民・住民を結ぶ共助社会そしてその核であるコミュニティビジネスの伸長に，一層，重要な役割を果たすものと思われる．しかし，NPO 自身は資金を集めることが認められていないので，NPO バンクや協同組織金融機関との協業が行われることになる．

　まず，NPO と協同組織金融機関との協業を見てみよう[17]．信用金庫と労働金庫の「NPO 事業サポートローン」がその典型であるが，NPO 法人を対象として，2000年に，東京労働金庫（2001年に中央労働金庫に改編），群馬労働金庫，近畿労働金庫が融資を開始した．続いて，2005年に，奈良中央金庫が信用金庫として最初の「NPO 事業サポートローン」を実施した．これらの融資は上限額を300万円〜500万円とするものが多いが，福島信用金庫のように融資額が1,000万円のケースや，介護系 NPO 法人などの設備資金に関しては，介護保険報酬を担保とした動産を担保とすることで，より多額の融資を可能にした．ただし，リスクも大きいため，NPO 事業サポートローンへの融資は，事業開始後３年という条件を付すことが多い．

　次に，NPO バンクを軸とする協業が，ソーシャルビジネスの資金調達を通じて，新しい間接金融のシステムを構築しつつある．NPO と同じように，NPO バンクも社会的ニーズに応えて市民が自発的に設立する非営利組織である．その役割は，市民が出資した資金を源泉として，地域社会や福祉，環境保全活動を行う NPO や個人などに融資することである．一般金融機関が資金供給しにくい社会的事業に対する低金利の融資を行うので，生活協同組合，無尽・頼母子講，市民ファンドと同様，ソーシャルファイナンスあるいは金融におけるソーシャルビジネスを担当しているといえる．

　原則的に非営利であるが，スタートアップ企業に対する貸出のように，営利を目的とする貸出しも行っている．その特徴は，個々の融資条件にきめ細かく

対応することにあり，貸し倒れがほとんど生じないことである．ただし，経営コストが高くなるだけでなく，様々な制約条件が存在している．すなわち，①任意組合のため，出資者が無限責任を負うこと，②「金融商品取引法」（2005年）の適用除外を受けるが，出資者に配当を払うことができないこと（利息・配当を少しでも払う場合は，第2種金融商品取引業者としての登録が必要），③「貸出業」に該当するが，改正貸金業の施行により新たな負担を強いられていること（たとえば，2006年の改正は，貸金業者の登録に際し財産的要件を純資産5,000万円に引き上げた．ただし，全国バンク連絡会の活動によって500万円に引き下げられた），④出資者は，母体団体の会員や関係者が中心になっていて，出資団体だけが融資を受けられる仕組みになっていること，これらの制約を受けている．

　この状況の中で，貸出金額の規模こそ小さいものの，NPOバンクはコミュニティビジネス特にソーシャルビジネスの資金調達に貢献している．たとえば，スタートアップ時には寄付金に頼りがちなソーシャルビジネスであっても，業容の拡大につれて必要になる資金を，NPOバンクが供給することができる．

　NPOバンクが最初に設立されたのは，1994年の「未来バンク事業組合」（東京都が活動地）であった．環境グッズ購入，NPO，エコロジー住宅等，環境・福祉事業を融資対象としていた．

　その後，次々にNPOバンクが設立されたが，たとえば，2002年10月に北海道とNPO推進北海道会議・北海道NPOサポートセンターとの協働により設立された「北海道NPOバンク」（北海道札幌市）は，ワーカーズコープ（協同組合型の労働組織）など，市民事業への資金供給を目的としていた．北海道・札幌市，NPO，市民，企業からの出資金と寄付が原資となっている．ただし，北海道NPOバンクはNPO法の制約で出資を受け付けることができないので，NPOバンク事業組合が出資を受け付け，全額をNPOバンクに融資する形態をとっている．融資対象は社会性を有する事業であることとNPOバンクに出資していることである．なお，出資条件は1口1円，契約期間なし，配当なし，また融資条件を限度額200万円，契約期間なし，金利2％としていた．

　同様に，2003年に，「東京コミュニティ・パワー・バンク（東京CPB）」（東京都新宿区）が，生活クラブ生協・東京生活者ネットワーク・東京ワーカーズコレクティブ協同組合・NPO法人アビリティクラブたすけあいの4団体を母

体として設立された．設立の目的は，女性が代表を務める団体や法人格のない団体が資金調達するのが困難な状況を打開するため，市民自身の出資を可能にする仕組みを作ることにあった．融資の対象は東京都内の事業者で，東京CPBに出資している団体に限られるが，5人の賛同者と「ともだち融資団」を組んで申請すると融資額も金利も優遇されるというグラミン銀行をモデルにした「ともだち融資団制度」が特徴的である．なお，出資条件1口5万円，契約期間なし，配当なし，金利約2％，また，融資条件を限度額1,000万円，契約期間なし，金利2％とするものであった．

さらに，2005年には，豊かな未来を実感できる地域社会をつくる事業を対象として，コミュニティ・ユース・バンクmonoが設立された[18]．monoは愛知，岐阜，三重の20〜30歳代が中心になって，働く場所と生活資源を地域で生み出し続ける循環社会の構築に取り組んでいる．すなわち，メーリングリストやニュースレターの送付など日常のコミュニケーションを密にする環境の下で，融資の際には組織面・事業面・財務面の評価を面談も加えた慎重な審査を行っている．monoの規模は，2009年4月時点で，出資金3,425万円，融資累計2,200万円，出資残高1,784万円の規模であったが，その特徴は単に資金の決済に留まらず，出資者と借り手を繋げる仕組みを作ることが求められる．

しかし，monoの審査は手間がかかる．また，運営担当者も限られている．本来であれば，情報収集，審査，モニタリングは協同組織金融機関など地域密着型金融機関が得意とする分野であろうが，コストと収益を重んじなければならない既存の金融機関では実施が難しい．そこで，NPOバンクが有する地域の人々とのコミュニケーションを密に行うチャンネルと，地域密着型金融機関が有する資金力やmonoの管理能力との協業が重視されることになる．

4.2　市民直接参加型資金チャンネル

市民直接参加型ファンドへの期待が高まっている．市民直接参加型ファンドも，地方自治体が仲介する型と，NPOバンクなど民間団体が仲介する型があるが，後者のファンドが特に注目されつつある．

1）住民公募債

コミュニティビジネス，特にソーシャルビジネス向け資金チャンネルの強化

策は，一層の分権化と市民・家計の参加を促すものと思われる．地方分権化の進展が前提条件になると考える理由は，ソーシャルビジネスの資金需要と地方政府，地域金融機関，地域の企業，市民・家計間の資金供給を円滑に結びつける環境が整うからである．コミュニティを基盤とするソーシャルビジネスは，日常的にコミュニティにかかわっている諸主体を主役にしてこそ，成長するはずである．

　地方分権化そのものは，これまでも施策が積み重ねられてきた．第一に，財政面の分権化を挙げることができる．2000年の地方分権一括法は，効率的な小さな政府の実現を目指し，国庫補助金，税源移譲を含む税源配分，地方交付税の三位一体改革を行うことにあった．しかし，移譲額が地方の合意を得られるほどでなかったことから，地方交付税を引き下げたいとの中央政府の財政事情が背景にあったのではないのかと疑われた．そこで，地方公共団体自らの判断と責任による行政運営を促進し，個性豊かで活力に満ちた地域社会の実現を基本理念とする地方分権改革推進法が2007年4月に施行された．その後も，都道府県から市町村への事務・権限の移譲および義務づけ・枠付の見直しが重ねられ，2015年6月，地方の発意に根差した新たな取り組みを推進する目的の第5次地方分権一括法が公布された．

　第二に，地域経済を対象とするようになった金融政策を挙げることができる．2004年12月，金融システムの活力を重視する「金融改革プログラム――金融サービス立国への挑戦――」が策定されたが，活力ある地域社会に寄与する金融システムが重視された．このスタンスは，アクションプログラムの遂行を目的とした「地域密着型金融の機能強化に関するアクションプログラム（新アクションプログラム）」に受け継がれた．各金融機関に地域密着型金融推進計画を提出，半年ごとに進捗状況を公表させることで，地域密着型金融の一層の推進を図るのが，その狙いであった．事業再生・中小企業の円滑化，経営力の強化，地域の利用者の強化を3つの柱にしていたが，産学官の更なる連携強化，ベンチャー企業創業・新事業支援機能強化，リスク管理体制の強化，担保・保証に依存しない融資の促進，協同組織中央機関の機能強化，地域の利用者の満足度を重視した金融機関経営の確立などの諸施策が含まれていた．

　第三に，コミュニティ基盤強化を目指す施策も行われた．2009年以降，活力ある地域社会の形成と地域主権型社会の構築を目指し，「緑の分権改革」など

への支援が行われている．緑の分権改革の目的は，豊かな自然環境，再生可能なクリーンエネルギー，安全で豊富な食料，歴史文化遺産などの地域資源を最大限活用する仕組みを，地方公共団体と市民，NPO等の協働，連携を通して創り上げ，地域の活性化，絆の再生を図ることにある．すなわち，地域から人材，資金が流出する中央集権型の社会構造を分散自立・地産地消・低酸素型に転換し，地域の自給力と創富力を高める地域主権型社会を構築しようとする取り組みである．

　その後，2013年1月に閣議決定された「緊急経済対策」にしたがって，同年2月，地域の元気創造本部が設置され，地域活性化の視点から，成長戦略に取り組む体制が整えられた．地域経済イノベーションサイクルの全国展開のあり方が検討課題とされ，地域の資源や資金を結びつけて地域の元気事業の創出を図るイノベーションサイクルを各地で数多く積み重ねることによって，ボトムアップ型の経済成長を目指すことになった．

　続いて，2015年6月に閣議決定された「経済財政運営と改革の基本方針2015」において，公的サービスの効率化を目的とする産業化が検討された．たとえば，医療，介護と一体的に提供することが効果的な健康サービスや在宅医療・介護の拡大に対応した高齢者向け住宅，移送サービスなどのニーズに応じた新たなサービスの供給を拡大することになった．また，民間資金の活用の視点から，官民連携によるソーシャル・インパクト・ボンド（Social Impact Bond: SB）の活用が拡大されることになった[19]．ソーシャルビジネスを対象とする官民連携が実現するようになってきただけに，地方政府・公共団体が中央政府以上に重要な役割を果たすことになるものと思われる．地方政府の財源として，中央政府の地方債に対する取り組み方も変わってきた．地方公共団体の自主性を高めるため，2006年度以降それまでとられていた認可制度に代えて，地方債の円滑な発行の確保，地方財源の保証，地方財政の確保などを目的として，協議制度に移行することになった．

　その過程で，地方債の構成も変わった．国の公共事業などには必要な公的資金を確保するとしても，都道府県および大都市については，民間資金による資金調達が重視されることになった．すなわち，①市場公募債を発行していない県においては，発行の推進，②安定的かつ有利な資金調達を行うための共同発行の推奨，③地域住民の行政参加意識の高揚とともに地方債の個人消化および

資金調達の多様化を図るための住民参加型市場公募地方債（住民公募債，ミニ公募債）の発行が必要であるとした.

　その結果，市場公募の手段を用いた地方債の発行額が増加することになった. また，地方債の構成において政府資金のシェアが低下，また民間資金の内訳も銀行引受のシェアが減少したのと対照的に，住民公募債のそれが増加した. しかし，今後，地方分権化を進めるためには地方交付税依存度の更なる減少に繋がる地方独自の行政，地方独自の課税構造の推進が一層急がれることになる. 地方の主な財源が地方税と地方債になっている現状から，ソーシャルビジネスを含め，コミュニティビジネスの経営力強化と民主導の金融システム構築の必要性が強く認識され始めている.

　その実現にとって，市民，家計の参加がポイントになるであろうが，地方債は財政融資資金（政府資金），旧郵政公社資金（旧郵便貯金資金，旧簡易生命保険資金），地方公共団体金融機構資金，国の予算貸付・政府関係機関貸付，ゆうちょ銀行，市中銀行，その他の金融機関，かんぽ生命保険，市場公募債，共済等などによって構成されている.

　2017年度の地方債残高は144兆2,890億円であるが，市場公募債46兆3,681億円，市中銀行38兆3,157億円，財政資金31兆5,036億円の構成になっている. ちなみに，2005年度の地方債残高は139兆9,296億円であったので，残高が増加しただけでなく，構成比も変わっている. 特に目立つのは，市場公募債が2005年度の17.6％から2017年度の32.1％へと大幅に増加したこと，逆に財政融資資金が43.3％から21.8％へと減少したことである. この間の市中銀行のシェアはほとんど横ばいであったが，市場公募債のシェアと合わせたシェアが58.7％にまで増加している[20]. これらのことから，地方自治体の債務のかなりの部分を民間の直接的な投資資金が受け持っていることがわかる.

　市場公募債[21]そのものは，個別発行債，共同発行債，住民公募債，それに外国債などによって構成されているが，2005年度から2017年度間の年平均増加率は5.4％であった. このうち，個別発行債は大規模な資金調達を目的として，1952年度から1972年度までは東京都など3つの道府県・5指定都市の8団体によって発行されていた. その後，発行団体が増加した結果，2017年度において，地方債の7.5％，市場公募債の23.3％のシェアを占めるほどに拡大した. 年平均増加率は，4.4％であった.

共同発行債は2003年4月に発行が始まったが，いくつかの市町村が共同して発行するため，小型な公募債である住民公募債に比べ相対的に大型である．民間資金からの資金調達を有利に行うことを目的としながら，ペイオフ対策としても急拡大した結果，年平均1.9%の増加率を示した．

　住民公募債は，地方債の個人消化および資金調達手段の多様化と住民の行政への参加意識の高揚を目的として，2002年3月から発行されている．しかし，ピークであった2005年度の1兆259億円から2017年度の5,168億円へと減少している，その結果，同期間の地方債に占めるシェアは，0.7%から0.4%へと低下，同様に市場公募債に占めるシェアも4.2%から1.1%へと低下している．

　最近の事例では，2018年9月，三条市が実学系ものづくり大学施設建設事業，医療系高等教育機関施設建設事業，スポーツ・文化・交複合施設建設事業，市道整備事業，緊急内水対策事業を目的として，応募者利回り0.30%，5年満期，8億円の「平成30年度第1回三条市ひまわり債」を発行している．また，同年10月，名古屋市が地震・防災対策など安心や安全にかかわる施策等を目的として，応募者利回り0.08%，5年満期，20億円の「第16回なごやか市民債」を発行している．

　更に，2019年3月，倉敷市が中学校の校舎増築・プール建設・給食調理場改築・屋内運動場照明改事業，小学校の屋内運動場と幼稚園の園舎複合施設等整備事業，プラネタリウム更新事業などを目的として，応募者利回り1.15%，5年満期，10億円の「倉敷市平成30年度第1回公募公債（倉敷よい子いっぱい債）を発行している．

　しかし，住民公募債は，共同発行債および個別発行債と反対に，2006年以降，伸び悩んでいる．その背景に，①金融商品としての魅力が乏しくなったことをあげることができる．すなわち，個人向け国債と比べた金利の優位性が低下していること，加えて，2016年のマイナス金利導入の影響を受け，上乗せ金利の設定が難しくなったことがある．その改善策として，地域で利用可能な施設利用券など金利以外の特典付与が考えられる．②購入者（個人，企業）が域内所在地に限られていることも伸び悩みの一因となっていると思われるので，共同債として，いくつかの市町村が連携することで，ロットの拡張とともに保証力を高めることも考えられる．

2）市民ファンド

　地域の住民や企業が出資した資金で設立された直接金融型の基金（ファンド）である．コミュニティファンドとも呼称されるが，特定地域のベンチャービジネスやソーシャルビジネスに投資主体の資金供給を行っている．実際の運営は，地方自治体や民間企業を通じて行われる．

　環境省の報告書によれば，直接金融タイプには，匿名組合契約，疑似私募債，非営利型株式会社の3つのタイプがある[22]．このうち，①匿名組合契約の事例は，鰺ヶ沢町での市民風車事業に係る建設費を調達した「グリーンエネルギー青森」（青森県青森市），市民風車事業に係る全国展開に向け，地域別に市民風車に係るファンドを組成した「（株）自然エネルギー市民ファンド」（東京都中野区），飯田市における太陽光発電事業に係る設備導入調達を目的とした「おひさまエネルギーファンド」（東京都中野区）がある．

　②疑似私募債の事例には，保健室の移転・新設に伴う用地取得・施設建設費を調達した「まえはら子育てネットワーク」（千葉市船橋市），介護保険事業の本格展開に向けた事務所移転・新設に伴う用地・施設取得費・改修費を調達した「地域たすけあいネットワーク」（新潟県三条市）がある．

　③非営利型株式会社の事例は，千代田区のイノベーション施設の運営に向け，区内企業，区民を株主とする株式会社を設立，加えて地域ファンドを組成した「ちよだプラットフォームサービス」（東京都千代田区），秋葉原地区6.4haの再開発事業を睨んだ新たなタウンマネジメント組織の設立に向け，株式会社を設立した「秋葉原タウンマネジメント（株）」（東京都千代田区）がある．

　これら3つの型のファンドの特徴と課題を，それぞれの事例から見てみよう．最初に，匿名組合方式に関して，2002年2月に設立された「グリーンエネルギー青森」を取り上げる．当事業は，循環型社会の実現と地域の自立をミッションとして，市民風車事業，自然エネルギー・省エネに関する普及啓発および調査活動，社会制度の研究および提言事業，地域活性化に関する事業を行っている．風車建設を目的とした資金調達は匿名組合契約で臨み，建設費3.8億円の半分を補助金，残りの1.9億円を銀行融資と市民の出資で賄う予定であったが，銀行融資を受けられなかったため，市民からの出資金と自己資金で賄うことになった．

　この事業は，2001年に日本で初めて市民出資によって「市民風車　はまかぜ

ちゃん」を建設した NPO 法人「北海道グリーンファンド」（北海道が活動地域）をモデルにしたものであった．「北海道グリーンファンド」そのものは株式会社北海道市民風力発電をファンド募集の主体として，総事業費の8割を市民出資によって賄っている．市民風車の意義および効果は，①市民自らの参加を通じて自然エネルギーに対する社会の関心を高めたこと，②地域循環型エネルギー経済による持続可能な社会形成に貢献したこと，③非営利性と営利性を合わせ有することによって，風力発電や自然エネルギーに対する社会的受容性を高めたこと，④地域での資金循環を実現したことに求められる．このように，不特定多数の市民から資金調達するのに成功した北海道グリーンファンドの試みが，「グリーンエネルギー青森」などその後の市民風車の取り組みや太陽光発電事業に繋がっている．

　上述のように，匿名組合の仕組みは多額な調達費用を要することなく，利便性が高い手段であるといえよう．しかし，金融商品取引法の制度改革によって，金商取引業者以外のファンド募集が認められなくなったことでハードルが高くなっている．後述するように，純財産要件問題は解決したものの事務的な負担が増えたことへの対策も課題になっている．

　次に，私募債の事例として取り上げた「NPO 法人地域たすけあいネットワーク」から，次の特徴が得られる．このネットワークは，親の介護をしていた主婦らがたすけあいの理念の下で結集し，1999年に設立された地域の相互扶助組織である．主な活動は，たすけあい事業と介護保険事業であるが，このうち，たすけあい事業は会員同士の有償の相互扶助事業で，利用者は時間当たり850円を事務局であるネットワークに支払い，サービス提供者が自給750円を受け取り，差額の100円が事務局収入となる．また，介護保険事業へは2001年に参入し，訪問看護事業，通所介護事業，障害者自立支援事業を行っている．主な収入源は会員収入（年会費2,000円）と介護事業収入である．資金調達は，金融機関からの融資を受けられなかったことから，2001年と2003年の二度，疑似私募債を発行し，それぞれ，管理ソフトの購入と活動拠点の取得に充てている．

　このように，疑似私募債は，組織の支援者から資金を調達する手法であるといえよう．地域たすけあいネットワークは困ったときに互いに助け合う相互扶助組織であるが，担保を持たないことから，金融機関の融資は受けられない．それだけに，会費を低く抑え，できるだけ会員を増やすことでネットワークを

広げようとしている.

　最後に, 非営利型株式会社型の「秋葉原タウンマネジメント（株）」は, 秋葉原駅付近地区まちづくりを目的として, 2007年に設立された. 美観推進事業, 交通治安維持事業, 施設・地区整備事業, 観光促進・産業創出事業の4事業を行っているが, 秋葉原地域の清掃とパトロールを実施するほか, 世界への情報発信を行うタウンメディア・観光事業として, 広告サービスなどを行っている. この広告収入が主な収入源となっている.

　活動の原動力となってきたのが, 地元住民, 商工業者, 開発事業者, 千代田区やタウンマネジメント勉強会参加者によって2002年に設立された「秋葉原附近まちづくり推進協議会」であった. 会社組織なのでNPO法人と異なって, 株主は非営利型の出資という活動に理解を寄せる住民である. 資金調達も推進協議会メンバーに限られていたが, 千代田区が開発事業者と並んで主な出資者であることが特徴的である. 顔が見える関係にある限られた株主で構成されているだけに, 外部要因に左右されない安定した経営が可能になるだけでなく, 株主として会社との連携や監視も可能にする. すなわち, 経営と所有を分離させ, 透明性を確保できることになる.

　しかし, 顔の見える関係を前提としているため, 地域の事業に適した仕組みである反面, 事業規模拡大に対しては限界が予想される. 非営利会社は配当が認められていないが, 寄付ではなく投資を活動資金の源泉にするために, 配当を可能にする非営利型株式会社という法的な枠組みを整えることが望まれる.

　この他にも, 市民・行政協働型ファンドの実例として, 2005年に設立された相模原市の市民ファンドである「ゆめの芽」[23]の事例をあげることができる. 市民の自主的な活動の目的は, ①市民が寄付の形で, 地域に密着した社会貢献に参加する機会を提供すること, ②資金が必要な市民活動団体に対して市民全体での支援を可能にすること, ③参加する市民が地域の課題に気付き, 自ら解決する意識を芽生えさせること, ④企業の具体的な社会貢献を実践させること, ⑤公開プレゼン・報告会・広報誌を通じて市民運動の広報をすることによって, コミュニティの活性化, 市民が市民を支える自立したまちづくりをすることにあった.

　なお, まちづくりを推進するため, 自治会, NPO, 大学, 企業, 団体, 市民の協業を重視して, 市民協働推進基本計画（2014年〜2019年度）を策定して

いる．すなわち，協業を推進する方針のもと，①情報の収集および発信，②学習機会の提供，③財政支援，④拠点となる「場」の提供，⑤事業機会の提供，⑥地域の特色の活用，これらのことを実践しようとしている．

4.3　新しい資金チャンネル

　新しい金融手段が開発され普及しつつあるが，ここでは私募債とクラウドファンディングを取り上げる．私募債の中では，特に小規模私募債にアクセスする家計，企業の機運が高まりそうである．

1）少人数私募債

　私募債には，無担保普通社債，新株予約付き社債，それに金融機関（主に銀行）引受私募債および少人数私募債がある[24]．このうち，無担保普通社債は，大企業（株式公開企業）が一般投資家から資金調達を行うために発行する公募債である．新株予約券付社債は，大企業の公募発行だけを対象にしているわけではない．株式公開を予定する中堅・中小企業も，自社の成長可能性に応じた資金調達を目的として公募前に発行することが多い社債である．

　銀行引受私募債は，金融機関（銀行，証券会社，保険会社，農林中金，商工中金，信金・信組などの適格機関投資家）を対象として，主に中小企業が発行するが，大企業も発行する．大企業が大型発行を行うのに対して，健全な財務体質を有する中小企業は長期安定した資金調達を目的にしている．

　少人数私募債は，50名未満の縁故者（経営者・経営者の親族，役員・従業員とその親族，取引先企業とその経営者・役員・親族，顧問弁護士，知人・友人など）を対象として，簡単な手続きで発行することができる．

　少人数私募債の特徴は，公募債および銀行引受私募債に比べると浮き彫りになる．

①社債権者に関して，公募債が特定多数の一般投資家，銀行引受債が銀行などの金融機関が債権者であるのに対して，少人数私募債は50名未満の縁故者である．

②財務局への届け出・提出については，公募債が有価証券届出書（１億円以上）ないし有価証券通知書（1,000万円から１億円まで）を要するのに比べて，銀行引受私募債と少人数私募債はその必要がない．

③発行金額については，公募債が数十億円から数百億円，銀行引受私募債が数千万円から数億円であるが，私募債は数千万円である．

④必要な手数料などについては，公募債が事務代行手数料，登録手数料，引受手数料，元利支払手数料，格付け取得費用，公認会計士費用などの手数料を要する．同様に銀行引受私募債が財務代理人手数料，登録手数料，引受手数料，元利金支払い手数料などの手数料を要するのに対して，少人数私募債は特に必要としない．

⑤償還期間は，公募債が３年から20年程度であるのに比べ，少人数私募債は銀行引受私募債と同様，５年程度である．

　少人数私募債は，担保が不要なこと，償還期間や利率を自由に設定できること，銀行などが設定した資格要件を不要とするメリットを有する．発行企業と縁故者の間の信頼関係が基盤になっているが，その反面，情報公開が怠りがちになり，償還期準備が遅れる危険性が生まれる．それだけに，自己管理が重視される．しかし，1998年から2007年までに限られたデータではあるが，私募債の発行額および残高，それに銘柄数は増加している[25]．

　2007年にはサブプライム危機の影響もあって下降したとはいえ，発行額は1998年の7,653億8,800万円からピークであった2005年の３兆9,771億8,342万円へと5.2倍に増加．銘柄数も1,643件から２万1,321件へと13.0倍に増加している．同様に，残高も1998年の３兆827億9,729万円からピークであった2006年の12兆2,529億2,993万円へと4.0倍の増加を示した．

　私募債急伸の背景に，中小企業の資金調達を円滑化する様々な規制緩和政策があった．1987年の大型私募債の導入，1992年の金融制度改革に伴うプロ私募と少人数私募の区分がその例であったが，2000年４月には，バブル経済崩壊後の貸し渋り状況を打開する目的から，特定社債保証制度が創設された[26]．続いて，同年11月に大阪府少額私募債保証制度が創設されたが，これらの制度は信用保証協会と金融機関との共同保証を行うことによって，それまで中小企業が利用し難かった私募債市場を中小企業の資金調達向けの市場に変えることになった．すなわち，創立対象は純資産額基準が５億円以上の企業に限られていたのが，2018年時点の基準において純資産額5,000万円以上３億円未満の企業も対象にされるようになった[27]．

　次に，社債担保証券（Collateralized Bond Obligation: CBO）の組成も，私募

債の急伸に与っている．2000年から東京都債券市場構想の下で中小企業に資金調達してきた東京都が，2003年に CBO を組成したのが，地方自治体主導による CBO 組成第１号になった．

同年，大阪府が少額保証制度である大阪府 SBE 私募債（Support for Brilliant Small and Medium - sized Enterprize: SBE）を組成した．その目的は，収益力を有する中小企業を鼓舞し，デフレ経済から脱却することにあった．さらに，民間の金融機関が CBO を創設した．たとえば，2004年に，みずほ銀行が大垣共立銀行，荘内銀行，駿河銀行，西日本シテイ銀行と共同で広域型地方銀行 CBO を創設している．

上述のように，民営化，地方分権化の進展につれ，少人数私募債普及の可能性が高まっている．しかし，課題も残っている．少人数私募債にしても，小規模事業ではなく，中堅企業が主役になっているのが現状である．また，地域金融機関それに地方自治体にしても東京や大阪のような大都市以外には，役割は限られている．それだけに，地方自治体，地域金融機関，家計・市民の協業が，一層，重視されることになる．

2）クラウドファンディング

クラウドファンディングは，不特定多数の人々がインターネットを通して自らの企画案を発信することで，共感した人から資金を募る仕組みである．IT技術の進化を通じた情報の伝達速度の向上や情報収集コストの削減，集合知による審査機能の向上が，資金供給者と需要者を直接結び付け，取引量を拡大する可能性を高める手段になり得る．ベンチャー企業，スタートアップ段階の企業，NPO 法人がクラウドファンディングを利用し，事業を展開していくものと期待できる．

コミュニティビジネスに貢献すると思われるクラウドファンディングには，非投資型と投資型（金融型）のそれが存在している．前者には，寄付型と購入型（還元型），ロイヤリティ型（知的財産権型），混合型が含まれる．他方，投資型には，貸付型（ソーシャルレンディング），ファンド型，株式型が含まれる．ここでは，非投資型として寄付型および購入型，投資型として貸付型（ソーシャルレンディング型），ファンド型，株式型を取り上げることにする．

矢野経済研究所によれば，2017年度のクラウドファンディングの市場規模は

1,700億5,800万円と推計された．内訳は，購入型が約100億円（構成比5.9％），寄付型が約7億円（構成比0.4％），ファンド型が約50億円（構成比3.0％），貸付型（ソーシャルレンディング型）が約1,534億円（90.2％），株式型が約9億円（構成比0.5％）であった．

2014年の市場規模が221億9,100万円，2015年度が379億1,700万円，2016年度が747億5,800万円であったことからも，クラウドファンディングの急伸ぶりがわかる．その一因は，2015年の株式型クラウドファンディングの運営開始に求められる．日本のクラウドファンディングの特徴は，米国，中国と異なって，貸付型（ソーシャルレンディング）のシェアが圧倒的に高いことにある．しかし，その反面，株式型クラウドファンディングに期待が掛かることでは共通している[28]．

日本のクラウドファンディングの今後の展開の参考として，世界全体，米国，中国の事例を見てみよう．世界全体としてのクラウドファンディング資金調達量は，2015年時点で344億4,000万ドルであった．タイプ別の構成をみてみると，寄付型が28億5,000万ドル（構成比8.3％，以下同様），購入型が26億8,000万ドル（26.8％），貸付型251.0億ドル（73.0％），株式型25億6,000万ドル（7.4％），ロイヤリティ型4億500万ドル（1.2％），混合型8億1,100万ドル（2.4％）であった．地域別では，北米，アジア，ヨーロッパが主であったが，それぞれ，172億5,000万ドル，105億4,000万ドル，64億8,000万ドルであった[29]．

北米では米国，アジアでは中国が中心になっていると考えられるが，まず，米国のケースを見てみよう．米国の場合，2000年代に入って次々にクラウドファンディングが誕生した．代表的な存在は2008年の Indie Go Go, 2009年の Kickstarter の設立であった．その後，米国のクラウドファンディングが世界のリード役となって発展したものの2012年時点の世界全体の規模は27億ドル程度であった．その構成は寄付型のシェアが最も高く49％，次いで購入型および貸付型が，それぞれ，22％であった．株式型などその他の型のクラウドファンディングは7％にすぎなかった．

しかし，2012年4月に，中小型ベンチャー企業の資金調達を活性化すべく JOBS 法（Jumpstart Our Business Startups Act：新興企業促進法）が策定され，クラウドファンディングが証券法の適用除外を受けられるようになった[30]．株式型クラウドファンディングの活用を目的とした新興企業促進法の適用条件は，

次のようであった．①発行体による投資家への売付総額が12カ月間で100万ドル以下であること，②発行体による単一投資家への売付総額が12カ月間で，投資家の年収または純資産が10万ドル未満の場合は，2,000ドルまたは年収ないし純資産の5％相当額のいずれか大きい方を超えないこと，同様に，投資家の年収もしくは純資産が10万ドル以上の場合は，年収もしくは純資産の10％相当額（ただし，上限10万ドル）を超えないこと，③クラウドファンディング取引が要件を尊守するブローカーもしくはファンディング・ポータルを通じて行われること，④発行会社が要件を遵守することである．

この証券法適用除外措置に伴い，一般の小口投資家が参加する道が開かれ，株式型クラウドファンディングが急増し，クラウドファンディングの規模を押し上げることになった．北米証券業協会によれば，ウェブ上でクラウドファンディングがドメインに含まれるサイトは，2012年初めの900サイトから同年11月末には8,800サイトに増加した．

日本と中国のクラウドファンディング導入は，米国より遅かった．中国の場合，クラウドファンディングの導入は2011年であった．その後，2014年12月の規制案によって，株式型クラウドファンディングがフォーマル金融として認可された．この結果，クラウドファンディングによる資金調達額は，2014年の4億3,600万ドルであったのが，2015年前半までに8億6,400万ドルに急増した．同様に，クラウドファンディング・プラットフォームは，2014年の142カ所から2015年に235カ所に急増した．その構成は，株式型プラットフォーム46.5％，購入型プラットフォーム31.8％，ミックス型プラットフォーム19.9％，寄付型プラットフォーム1.9％であった[31]．

中国の場合，立ち上げ期に寄付型クラウドファンディングが目立っていた米国と対照的に，早い時期から株式型クラウドファンディングを活用することで，中小企業の資金調達を円滑化したことが特徴的である．すなわち，国有大企業と国有商業銀行などフォーマル金融機関との結びつきが強い中で，中小企業は民間貸借，貸金業者などのインフォーマル金融機関から資金調達する機会が多かった．それに代替する役割を株式型クラウドファンディングが担ったことが，クラウドファンディングを急増させた要因と考えられる．

クラウドファンディングは，非投資型と投資型に大別される．米国の寄付型，

中国の株式型が象徴的であるが，日本の場合は，スタート時点から，投資型の一形態である貸付型が代表的であった．

そこで，形態ごとの特徴を見てみよう．まず，非投資型クラウドファンディングはどのような状況であろうか．先駆者は2010年2月に設立された寄付型のジャパンギビング（JAPAN GIVING）と2011年4月に開設した購入型のレディフォー（Ready for）であった．本章が対象にしているコミュニティビジネスの中でも，ソーシャルビジネス，すなわち，図2.1のO点からA点まで，そして業容の拡大に伴ったC点までの領域を対象にした資金供給を担っている．

このうち，ジャパンギビングは，寄付型の最大手である．支援者とNPOを繋ぐ役割を果たし，2017年8月時点で，約1万2,000件のプロジェクトが実施され，約21億円の寄付を集めている[32]．

具体的な業務は，次のようである．①東日本大震災や熊本地震などの災害時の非営利法人の寄付募集活動支援，②子ども，障害者，動物などの弱者を支えるための寄付募金活動支援，③医療，教育，環境などを支援するための寄付募集活動支援，④NTTドコモ，神戸市など，企業や行政と連携した寄付募集活動支援，⑤寄付月間（毎年12月）での寄付文化創造活動などを行っている．さらに，今後の活動目的として，寄付サイトの基盤を拡充しながら，NPO向けの支援者獲得コンサルティングおよび企業向けのNPOの紹介・マッチングのサービスの向上を目指している．そのほかに，NPO・市民活動団体，学協会，企業との共同研究・協働を行っている[33]．

他方，レディフォー（Ready for）は，日本初の購入型クラウドファンディングである．寄付型と同様，金銭的なリターンを受け取らない非投資型クラウドファンディングであるが，出資者は金額に応じたサービス，商品を得ることができる．

2017年3月時点での状況は，プロジェクト数6,152件，累計資金調達額37.8億円，総支援者数25万8,592人となっている[34]．宮城県，広島県，筑波大学，JTBグループなどが資金調達を行い，全国の非営利活動を支えるサービスを行うなど社会貢献系のプロジェクトが多いことが特徴である．

次に，投資型はどのような状況であろうか．投資型には，①貸付型，②ファンド型，③株式型があり，それぞれ，投資額に応じて，金利，分配金，株式を得ることになる．すなわち，図2.1のA点〜C点の領域を対象とする利益獲得

型のコミュニティビジネスといえる.

①貸付型は,貸付型取扱業者が自社内に組成する匿名組合が個人や企業への金銭消費貸借契約による貸付を実施し,銀行の運転資金を代替する役割を果たしている.そして,前述したように,2017年度時点の貸付型の貸付残高がクラウドファンディング残高の90.2%を占めている.

最も早く2007年に創立されたmaneo,2009年に運営を開始したAQUSH,不動産に特化したオーナーズブックやタテルファンデイング,また他社との業務提携を進め不動産や太陽光ファンドに携わっているSBIソーシャルレンディングなどがある.この中で,2011年に運営を開始したSBIソーシャルレンディングは,名目利回りを3.0～10.0%に設定の上,1万円からの投資を可能,利益を毎月分配としている.

しかし,代表的な業者であるmaneoが,2018年7月,不正貸付に関して,証券取引等監視委員会から金融庁に行政処分するよう勧告されるなど,不祥事が生じている[35].行政処分の勧告は,安全な借り手を獲得できず,投資家に健全な投資機会を供給できなくなったためであるが,根本的な要因は,貸金業法上の貸金業者として扱われ,借り手保護の立場から借り手の情報を公開できなかったことにあると思われる.

②ファンド型は,新たなプロジェクトに共感する人々から,ファンド(基金)として,資金を募集する.配当を行うことでは株式型に近いが,商品やサービスを提供することもあり,購入型と貸付型を合わせたような性格も合わせ持っている.

2001年創立のミュージックセキュリテーズは代表的なファンド運営会社であるが,音楽事業とともにインパク投資プラットフォーム(セキュリティ)運営業務,ファンド組成業務,ファンド販売業務の証券化事業を行っている.ファンドには,一口金額3万2,400円,募集金額1,470万円の「ベル商品開発成長ファンド 第3次募集」,一口金額2万1,600円,募集金額314万円の「神戸ヘルシー豆乳ヨーグルトファンド」などがある.これらのファンドは償還が長いことから,事業者にとって有利な資金調達になる.

そのほか,「セキュリティ熊本地震被災地応援ファンド」のようなユニークなファンドも設定している.同ファンドは,2016年熊本地震の被災から立ち上がろうとする事業者を対象に出資を通じて応援する募集金額3,150万円のファ

ンドである．投資者は，半分寄付・半分投資の形で，「星降る至高の宿　南阿蘇ルナ天文台ファンド」や「「お代わり」で熊本農家を応援お米ファンド」など多数のファンドから応援するファンドを自ら選ぶことができる．いずれも，一口金額は1万800円である[36]．

　③株式型は，インターネットを通じて，未公開企業に，株式の形で投資を可能にする形態である．米国，中国よりも遅れて，2015年5月の改正金融法によって解禁された．但し，一人当たり投資額は50万円以下と限定されている[37]．同年，日本初の株式型クラウドファンディングのファンディーノが設立され，2017年にサービスを開始している．その仕組みは，投資対象企業の店頭有価証券（未上場株）を発行したうえで，独自のプラットフォームを介して事業に関する情報を公開して，投資家から資金を募るものである．投資家の金額は10万円程度，累計応募金額が23億4,253万円になっている．

　なお，応募企業に対してその将来性などにつき厳格な審査を行い，情報を公開することで，投資家の便宜を図っている．また，エンジェル税制の恩恵を得ることもある．更に，イグジット（ベンチャービジネスなどに投資した資金の回収）によるリターンを期待できる．しかし，未公開株であるだけに，実質流動性に欠けることがネックになっている．

5．共助社会の金融規制

5.1　家計のポートフォリオ

　新しい金融手段が活用され，地域経済活性化が実現しそうに思われる．しかし，その可能性はどのようなものであろうか．2010年末，2015年末，2019年3月末の金融資産の種類とその構成を示す表5.4から考察してみよう．

　同表は，日本銀行の金融資産負債残高表のうち，主な資産だけを抜粋している．家計の金融資産は，2010年12月の1,489兆2,881億円から2019年3月の1,854兆9,718億円へと増加している．その内訳を，現金・預金，債務証券，株式等・投資信託受益証券，保険・年金・定型保証の金融商品ごとに見てみると，次の特徴がわかる．

　①現金・預金は2019年3月時点において，残高が979兆5,927億円と最大で，シェアは52.8％を占めている．しかし，2010年の55.1％のシェアよりも若干低

表5.4 家計の金融資産

（単位 億円，%）

	2010年12月	2015年12月	2019年3月
現金・預金	8,206,670 （55.1）	9,016,887 （51.8）	9,795,927 （52.8）
現金	544,006 （3.7）	624,187 （3.6）	925,604 （5.0）
流動性預金	2,969,018 （19.9）	3,685,474 （21.2）	4,537,401 （24.5）
定期性預金	4,639,620 （31.2）	4,655,500 （26.7）	4,262,552 （23.0）
外貨預金	53,775 （0.4）	51,356 （0.3）	70,110 （0.4）
その他預金	276 （0.0）	370 （0.0）	260 （0.0）
債務証券	923,309 （6.2）	250,371 （1.4）	250,857 （1.4）
国債・財投債	329,689 （2.2）	135,967 （0.8）	132,587 （0.7）
地方債	14,713 （0.1）	9,009 （0.1）	3,862 （0.0）
金融債	10,410 （0.1）	653 （0.0）	60 （0.0）
事業債	15,462 （0.1）	63,420 （0.4）	58,219 （0.3）
信託受益権	26,225 （0.2）	35,164 （0.2）	40,550 （0.2）
株式等・投資信託受益証券	941,849 （6.3）	2,649,830 （15.2）	2,725,623 （14.7）
株式等	635,506 （4.3）	1,687,147 （9.7）	2,017,789 （10.9）
上場株式	——	988,682 （5.7）	1,066,634 （5.8）
非上場株式	——	638,138 （3.7）	901,571 （4.9）
その他の持分	306,343 （2.1）	60,327 （0.3）	49,584 （0.3）
投資信託受益券	——	962,683 （5.5）	707,834 （3.8）
保険・年金・定型保証	4,193,608 （28.2）	5,100,027 （29.3）	5,273,469 （28.4）
非生命保険準備金	——	528,291 （3.0）	536,254 （2.9）
生命保険受給権	——	2,196,959 （12.6）	2,198,844 （11.9）
年金保険受給権	——	802,227 （4.6）	999,079 （5.4）
年金受給権	——	1,554,583 （8.9）	1,520,638 （8.2）
その他保険・年金等	——	17,967 （0.1）	18,654 （0.1）
その他	627,445 （4.2）	391,548 （2.2）	503,842 （2.7）
合計	14,892,881 （100.0）	17,408,663 （100.0）	18,549,718 （100.0）

（注）カッコ内は構成比．
（出所）日本銀行（2011,2016,2019第2四半期速報）より抜粋，作成．

下している．また，現金および流動性預金のシェアが増えた半面，定期性預金のシェアは低下傾向にある．外貨預金のシェアは，0.4％程度に留まっている．

②債務証券は，保険・年金・定型保険や株式等・投資信託受益証券に比べ残高もシェアも小さく，2010年の残高92兆3,309億円から2019年の25兆87億円へと大幅に減少している．また，シェアも，2010年の6.2％から，2015年および2019年の1.4％へと低下している．特に，国債・財投債および地方債のシェアの低下が顕著である．その中で，事業債が2010年の1兆5,462億円から2015年の6兆3,420億円に増加，またシェアも2010年よりも増加していることが目を引く．

③株式等・投資信託受益権の残高は，2010年の94兆1,849億円に比べ，2019年には272兆5,623億円へと大幅に増加している．それに伴って，シェアも6.3％から14.7％へと急増している．上場株式のシェアは横ばい，投資信託受益権のシェアはむしろ低下している中で，非上場株式のシェアの増加に着目できる．

④保険・年金・定型保証は着実に増加して，残高，シェアとも現金・預金に次いで高く，2019年時点の残高は527兆3,469億円，シェアは28.4％を占めている．しかし，増加率は低い．商品別に見ると，年金受給権は，残高，シェアとも若干減少している．また，非生命保険準備金，生命保険受給権，年金保険受給権，年金受給権のシェアは，年金保険受給権を除いて低下している．

上述のように，事業債と非上場株式特に非上場株式の増加が特徴的であるが，この傾向が株式型クラウドファンディングや少人数私募債の増加の可能性を示唆しているものと考えることができる．

次に，総務省の「家計調査」にしたがって，世帯のポートフォリオを年代別に見てみよう[38]．2018年の2人以上の世帯の年間収入は622万円，平均貯蓄額は1,752万円，負債額は558万円，純貯蓄は1,194万円であった．しかし，負債を別として，貯蓄の絶対額において，平均値の1,752万円の貯蓄を下回る世帯が，67.7％を占めるなど，相対的に貯蓄の低い層が多くを占めている．

年代別では，①40歳未満の世帯は，貯蓄600万円，負債1,248万円で，648万円の赤字，②40歳〜49歳の世帯は，貯蓄1,012万円，負債1,105万円で，93万円の赤字，③50歳〜59歳の世帯は，貯蓄1,778万円，負債683万円で1,095万円の純貯蓄，④60歳〜69歳世帯は，貯蓄2,327万円，負債207万円で，純貯蓄2,120万円，⑤70歳以上の世帯は，貯蓄2,249万円，負債104万円であった．すなわち，50歳

以下，特に40歳未満の世帯の赤字が目立っている．この状況が世帯のポートフォリオに影響をおよぼしている．

　貯蓄現在高が高い層すなわち，高齢世帯（2人以上）のうち，貯蓄現在高が2,500万円以上の世帯が全世帯（2人以上）の全世帯の32.3％を占めているが，定期性預貯金と有価証券保有比率が高い．この層を引きつける金融商品の開発が望まれるところである．

　対照的に，全体の15.9％を占める300万円未満の世帯は，通貨性預金が56.0％を占め，有価証券保有比率は2.2％にすぎない．特に，貯蓄残高が100万円未満の世帯が8.8％を占めるなど，高齢・低貯蓄層への対策が課題になる．

　しかし，政府も高齢者社会対策を行っている．2017年3月に策定された「働き方改革実行計画」は，高齢者の多様な技術・経験を有する高齢者を尊重するなど，定年延長を図っている．また，新たな対策として，2019年10月より，年金給付金制度の創設を開設している．その目的は，年金を含めても所得が低く，経済的な支援を必要としている人への年金を上乗せすることにある．

　実際，「あなたは何歳頃まで収入を伴う仕事をしたいですか」との内閣府の「高齢者の日常生活に関する意識調査」によれば，「70歳くらいまで」21.9％，「75歳くらいまで」11.4％，「80歳くらい」4.4％，「働けるうちは働きたい」42％との回答が寄せられている[39]．

5.2　規制緩和と規制——米国の地域金融政策を参考にして——

　世帯が保有する金融資産から，特に高齢・高貯蓄者層に市民ファンドやクラウドファンディングなど新しい金融商品購入の期待が掛かることになる．しかし，地域経済活性化にとって，若年世帯はもちろん低所得の高齢世代の参加も必須である．それを可能にするのは，働く意欲のある人々の雇用と所得の増加であるが，米国の地域開発に関わる規制緩和と強化政策が参考になる．

　ウオールストリートに象徴されるのが米国である．しかし，実際には小規模な金融機関が圧倒的に多く，連邦レベル，州レベル，市レベルそれにNPOを通じたきめ細かい地域金融政策がとられている．地域金融を担当している金融機関は，リージョナルバンク（日本の地方銀行に相当），貯蓄金融機関，コミュニティ開発金融機関（Community Development Financial Institutions: CDFIs），それに地域金融参入を目指す大手金融機関である[40]．

中でも重要な役割を果たしているのが米国版NPOのCDFIsである．CDFIs
は各地域を基盤として運営されていた民間金融機関の総称であって，コミュニ
ティ開発銀行，地域開発信用組合，NPO法人によって構成されているが，政
府，銀行，財団などから資金を調達してそれをNPOや社会的企業（社会的目
的を有する営利企業）に融資することで，コミュニティ開発を促進している．

　CDFIsを支えてきたのが，1977年に制定された地域再投資法（Community
Reinvestment Act：CRA）である．人種的な貧困問題に悩む連邦政府が地域の
資金を地域に還流するように民間金融機関を誘導することが，その目的であっ
た．連邦政府の開発金融政策は，CDFIsファンドと新市場税額控除（New
Market Tax Credit：NMTC））プログラムを軸にしているが，いずれも民間資
金をコミュニティ開発に誘導するものであった．このうち，1994年に設置され
たCDFIファンドには，CDFIが認定したCDFIを対象にした財政支援補助金
と認定CDFIおよび認定CDFIを目指す団体を対象にした経営支援補助金があ
る．加えて，2000年には，新市場税額控除プログラムが創設されている．この
プログラムも民間の資金を誘導する目的を有しているが，コミュニティ開発団体
（Community Development Entities：CDE）に投資した納税者に対して，連邦
所得税を軽減する制度である．

　その後，2008年には，バングラデッシュのグラミン銀行の仕組みを活用した
グラミン・アメリカが設立されている．5人一組の連帯保証を条件とする代わ
りに無担保の小口金融を営むグラミン・アメリカは，先進国が発展途上国の金
融システムを取り入れた特異な事例であるが，2009年にCDFIsとしての認可
を受けている．

　さらに，2012年に，規制緩和を通じて小規模事業の資金調達を促進し，雇用
と成長を高める新興企業促進法（Jumpstart Our Business Startups：JOBS）法
が制定されている．その目的は，米国の雇用を創出する担い手とされる中小企
業や新興企業に対する規制の負担を軽減することにあった．すなわち，公募・
私募双方の資金調達，またクラウドファンディングによる調達を可能にするよ
うに，連邦証券法を緩和することにあった．

　この措置を通じて，一定条件の下で，一般市民の出資によって未公開株を獲
得する株式型クラウドファンディングが可能になった．その条件とは，①発行
体による投資家への売付総額が12カ月間で100万ドル以下であること，②発行

体による単一投資家への売付総額が12カ月間で，投資家の年収または純資産が10万ドル未満の場合は，2,000ドルまたは純資産の5％相当額のいずれか大きい方を超えないこと，同様に，投資家の年収もしくは純資産が10万ドル以上の場合は，年収もしくは純資産の10％相当額（ただし，上限10万ドル）を超えないこと，③クラウド・ファンディング取引が要件を尊守するブローカーもしくはファンディング・ポータルを通じて行われること，④発行会社が要件を尊守することである[41].

　さらに，2017年に，中小企業の増資規制を緩和する動きが強まる中で，金融機関の高リスク取引を制限するボルカー・ルールの廃止を目的とする金融選択法が下院で可決されている．このように，JOBS法の成立以来，2010年に成立した金融規制改革法（ドッド＝フランク法）を緩和する方向に進んでいる．しかし，その流れがCDFIsやNPOバンクなど地域の金融仲介を念頭に置いていることに着目できるが，日本にとって参考になる．しかし，常に，投資家，特に小口投資家保護とのバランスが課題になることでは，日本も共通している．

　日本の場合，貸金業法と金融商品取引法をめぐって，業者の利便性の向上と消費者・投資家保護との衝突が生じ，調整が行われている．まず，地域経済活性化の仲介者であるNPOバンクの例をあげてみよう．

　NPOバンクは貸金業者でもある．多重債務問題が深刻化したことに応じて，2006年6月，貸金業法が改正され，貸金業への参入条件は最低資産額が5,000万円以上に引き上げられることになった[42]．この措置は新設間のないNPOバンクにとって負担が重すぎるとして，全国NPOバンク連絡会が，金融庁に適用除外するよう求めた．米国のCDFIが政府の補助金，減税制度の恩恵を受けているのと対照的であったが，同年，必要な純財産を500万円とする特例を新設することで，財産要件問題が解決に向かった．

　次に，金融商品取引法をめぐっても調整が続いている．「証券取引法等の一部を改正する法律（投資家保護のための横断的な法制の整備）等」が2007年9月に施行された．その目的は，利用者保護ルールの徹底と利用者利便の向上，貯蓄から投資に向けての市場機能の確保及び金融・資本市場の国際化への対応を図ることにあった．同法は，①有価証券を勧誘するために，「金融商品取引業者」としての登録を必要とした．また，②非上場株式の勧誘は，日本証券業

協会の自主規制で原則禁止とされていた.

　しかし, 前述したように, 2014年5月に「金融商品取引法の一部を改正する法律」が制定され, 参入条件の緩和と投資家保護のためのルールの整備が実施された. 参入要件の緩和に関しては, 少額のもののみを扱う業者について, 兼業規制等を課さないことにするとともに, 登録に必要な最低資本金基準が引下げられた. すなわち, 第一種金融商品取引業者の場合, それまでの5,000万円から1,000万円に, 第二種商品取引業者は1,000万円から500万円に, それぞれ, 引下げられた. また, 非上場株式の勧誘が, 少額(発行総額1億円未満, 一人当たり投資額50万円以下)のクラウドファンディングに限って解禁された.

　他方, 投資家保護のためのルールの整備として, 詐欺的な行為に悪用されることが無いよう, クラウドファンディング業者に治して,「ネットを通じた適切な情報提供」や「ベンチャー企業の事業内容のチェック」が義務づけられた.

　その後, 2017年5月, 情報通信技術の進展に対応して, ①当局が株式等の高速取引(HFT)の実態などを確認できるよう, 登録制を導入し, ルール整備を行うことになった. 取引所業務の多様化や国際化などの環境変化を踏まえ, 取引所グループの業務範囲を柔軟化した. さらに, 投資家間の情報の公正性を確保するため, 上場会社による公正な情報開示に係るルールの整備を行った[43].

5.3　市民主役の金融システムに向けて

　コミュニティビジネスが地域経済の牽引車であると思われる. コミュニティビジネスに秘められた収穫逓増現象に期待をよせ, 事業に要する資金調達の可能性と手段を考察するのが, 本稿の目的であった. 実際, REVIC, 民間金融機関, NPO・NPOバンク, 企業, 市民団体, 個人間の協業が進展していることは確かである.「公」の中では地方自治体が,「民」の中では市民・住民の役割が高まりつつある. しかし, それにもかからず, 地方創生が成功したとは言い難い状況にある.

　地域経済に資金を循環させる米国の地域再投資法(CRA)のような法律が制定されていないこと, またNPOバンクなど市民・住民に身近な組織への支援が弱いことが, 地方創生を遅らせる一因になっているものと思われる. コミュニティを基盤とする地域内でのビジネスだけでなく, 地域発グローバル化に自主的に取り組んでいるビジネスへの更なる支援が, 地域の雇用と所得の向上を

実現するものと思われる.

　しかし，どのようなスタートアップ企業やソーシャルビジネスを支援するのかを定めるためには，市町村，市民・住民の意思を正確に汲み取る場や仕組みが必要になる．すなわち，真にボトムアップ型の政策が望まれるが，一層の市民参加を促し，市民主役の金融システムを実現する方策に関して，若干の提案しておきたい．

　第一に，社的投資減税制度の拡充である．街並みの整備などソーシャルビジネスのプロジェクトに対して，コミュニティファンド，クラウドファンディングなどの民間ファンドに留まらず，寄付金に頼るケースも生じる．寄付を集める政策として，社会的投資減税制度の拡充が有効な手段となるはずである．

　第二に，コミュニティファンド仲介者としてのNPO・NPOバンクの支援である．小規模なプロジェクトをスタートさせるとき，NPOに資金を供給するNPOバンクの役割が重要になる．しかし，営利事業と異なって配当を認められていないNPOバンクは，NPOに出資金を集めて融資することはできるが，自ら出資することができないという制約を受けている．そこで，プロジェクトが軌道に乗って収益が望めるようになったとき，スムーズに出資を行うために，配当を可能にする法人格の認可が必要になる．

　第三に，高齢世帯の貯蓄と投資がポイントになる．高齢世帯のうち，特に低所得世帯に最小水準の公的年金を保証する年金グランドデザインを提示するとともに，たとえば医療・介護関連の観光産業などでの雇用がコミュニティ内の資金循環の活性化に繋がると考えられる．他方，クラウドファンディングや私募債など蓄高齢者向けの魅力に富む金融商品の開発が望まれる．

　また，新しい金融商品を広くかつ正確に紹介するために，新しいネットワークを構築するだけでなく，現存の諸設備，ネットワークの有効活用がポイントと思われる．その意味において，都市銀行・地方銀行および保険会社，証券会社の支店，協同組織金融機関それにゆうちょ銀行・郵便局の協業体制の確立が待たれる．

　第四に，貯蓄者，投資家保護体制の強化が不可欠になる．グローバル化，自由化の時代になぜ規制を重視するのかとの疑問を受けそうである．これに答えるためには，規制といっても，経済規制，プルーデンス規制，情報規制の3つの型の規制を峻別する必要がある．経済規制とは，国内・外資系企業の参入規

制，業務分野規制，金利規制などのことである．プルーデンス規制とは銀行法，情報公開，自己資本規制，格付けなど安全性や健全性を保ち，預金者・投資家を保護する諸規制のことである．情報規制とはそれぞれの金融機関が取引きする金融商品の価格と数量を会計・監査基準にしたがって報告する義務を負わせることである．これまで，日本に限らずアジア諸国は，経済規制が強い反面，プルーデンス規制および情報規制が弱いといわれてきた．その事情は変りつつあるが，欧米諸国もアジア諸国も，新たなる金融商品が次々に出現する今日，常に，新たなる規制を必要としている．

　コミュニティビジネスに関しても，その伸長につれて規制の型が変わるはずである．NPO・NGO，企業などの連携によって運営される小規模な段階では，自主規制が望ましい．しかし，規模の拡大に伴って，市民の貯蓄を原資とした貸出や投資が行われようになると，リスク発生の危険性も高まる．

　特に，新しい金融商品として期待される株式型クラウドファンディングの場合，詐欺リスクが生じる恐れがある．衆知が働くといわれるインターネット活用の場合でも情報の非対称が解決されるわけではない．インターネットの社会であっても，共感を持ち信頼を置ける参加者を重視するなど，地域を基盤とする取引を軸とすることが望まれる．株主コミュニティ制度がその一例であるが，地域に根ざした資金調達を促進する安全な仕組み作りがポイントになる．

　株式コミュニティ制度のように，未公開株を投資家に勧誘することが可能になれば，株式型クラウドファンディングの弱点である低い流動性を改善するはずである．更に，小口の多数の個人投資家の資金を呼び込む可能性も生じそうである．それを実現するのが，クラウドファンディングのプラットフォームと銀行や各種・地域金融機関との協業ではないのだろうか．銀行はもともと情報生産機能（情報収集，審査，モニタリング）に強いはずである．運営業者であるプラットフォームとの連携によって銀行とプラットフォーム双方の営業コストを削減し，収益を上げることができると思われる．そして，地域独自の魅力的なプロジェクトや金融商品を生み出すコミュニティ・地域経済重視の経営を可能にするものと考えられる．

注

1 内閣官房まち・ひと・しごと創生本部事務局（2017）pp.1-9および pp.27-32.
2 柴山清彦（2011）pp.7-15および pp.113-136.
3 経済産業省地域経済産業グループ（2019）pp.1-8による.
4 燕市（2017）p.1.
5 岸真清（2013）pp.18-30および（2018）pp.194-206を参照.
6 Vázquez‐Barquero, A.（2010）pp.54-79. また，市場部門の失敗と公共（政府）部門の失敗があった場合に，参加型の社会部門が重要な役割を果たすことを主張するのが，丸尾直美（1998）pp.1-25である. さらに，コミュニティにおいて，個人のウェルビーイング（個人的幸福）をソーシャル・ウェルビーイング（社会的安寧）との相関関係から考察するのが，原田博夫（2019）pp.89-116である.
7 金融庁（2003）pp.2-9および（2005）pp.4-17を参照.
8 中小企業金融公庫総合研究所（2008）pp.3-60による.
9 由里宗之（2001）pp.18-27，日本銀行信用機構局（2004）pp.50-60，青木武（2006）pp.22-36による.
10 西村清彦・山下明男編著（2004）pp.1-30.
11 官民ファンドの活用推進に関する関係閣僚会議幹事会（2018）pp.1-6.
12 観光支援ファンドについては，岸真清・島和俊・浅野清彦・立原繁・片岡勲人・服部泰・小澤考人（2017）pp.84-86を参照.
13 観光庁（2019）pp.1-3.
14 岸真清・島和俊・浅野清彦・立原繁・片岡勲人・服部泰・小澤考人（2017）前掲書, pp.14-16.
15 中小企業金融公庫総合研究所（2008）pp.8-48.
16 内生官房まち・ひと・しごと創生本部事務局（2015）pp.2-15.
17 岸真清・島和俊・浅野清彦・立原繁（2016）pp.165-166.
18 馬場英明・木村真樹・荻江大輔・中山学・三村総（2010）pp.94-103.
19 内閣府閣議決定（2015）pp.21-42.
20 2005年度と2017年度の数値については，それぞれ，総務省（2007）p.102および（2019）p.106による.
21 地方債協会，各年次版による.
22 直接金融タイプの３つの型の定義は，環境省総合環境政策局環境計画課（2009）pp.8-9による. また，法規制と特徴については，同報告書（2009）pp.69-72および pp.80-103を参照.
23 相模原市（2017）pp.32-52.
24 経済産業省，pp.4-19.
25 2008年５月以降の集計はとりやめられている. 日本証券業協会（2018）.
26 特定社債保証制度と社債担保証券（CBO）の役割については，佐藤豊彦・胥鵬（2010）pp.2-14を参照.
27 ただし，①自己資本比率20％以上か純資産倍率2.0倍以上のいずれか（ストック要件）と，②使用総資本事業利益率10％以上かインスタント・カバレッジ・レシオのいずれか（フロー要件）を満たさなければならない. 全国信用保証協会連合会「もっと知りたい信用保証」pp.1-4.

28 矢野経済研究所（2018）．また，クラウドファンディングの型と特徴については，佐々木敦也（2016）101-110頁を参照．

29 Massolution Crowdfunding Industry（2016）．

30 神山哲也（2013）pp.183-185．

31 Wang, G. and Yang, J. (2016) p.153. また，World Bank Report によれば，中国のクラウドファンディングの潜在性は世界一であり，2025年までに500億ドルに増加すると予想されている．Funk,A.S.（2018）p.2による．Funk は，また，特に同書第4章において，中国の株式型クラウドファンディング急進の理由をインフォーマル金融に依存していた中小企業がクラウドファンディングを活用するようになったことに求めている．

32 クラウドポート編集部（2019）p.2．

33 一般社団法人ジャパンギビング（2018）pp.1-3による．

34 クラウドポート編集部，前掲レポート p.3による．

35 日本経済新聞2018年7月12日．

36 投資のクラリオ（2018）pp.1-7．

37 株式型 CF ファンディーノ（2019）pp.3-8．

38 総務省（2019）pp.3-12．

39 内閣府（2019）p.25による．また，高齢者社会対策については pp.145-150を参照．

40 小関隆（2010）p.5および中本悟（2013）pp.7-17を参照．

41 クラウドファンディング（タイトルⅢ）を含む JOBS 法については上野まな美・鳥毛拓馬（2018）pp.2-6を参照．

42 金融庁（2006）pp.1-5による．

43 金融商品取引法をめぐる一連の改正については，金融庁（2014）pp.1-4 および（2017）pp.1-5を参照．

参考文献

青木武（2006）「協同組織金融機関の未来」信金中央金庫『信金中金月報』第6巻第8号（6月号）．

上野まな美・鳥毛拓馬（2018）「米国の IPO に関わる規制見直しの動き」，dir.co.jp/report/research/law-research/securities/20180302_012800.html（2019.6.17アクセス）．

小関隆（2010）「英米のコミュニティ開発金融政策と，日本に与える示唆」mlit.go.jp/common/000127526.pdf（2019.6.17アクセス）．

株式型 CF ファンディーノ（2019）「Hedge Guide」，https://hedge.guide/ feature/fundinno-exit-project-yield.html（2019.11.18アクセス）．

神山哲也（2013）「米国におけるクラウド・ファンディングの現状と課題」，nicmr. com/nicmr/report/repo/ 2013/2013spr12.pdf（2019.5.6アクセス）．

環境省総合環境政策局環境計画課（2009）「平成20年度　コミュニティ・ファンド等を活用した環境保全活動の促進に関わる調査検討業務　報告書」（三菱 UFJ リサーチ＆コンサルティング株式会社委託業務），http://env.go.jp/ policy/ community_fund/pdf/mokuji.pdf（2013.7.5アクセス）．

観光庁（2019）「（株）地域経済活性化支援機構における「観光遺産産業化ファンド」の設立について」，env.go.jp/press/106911/111852.pdf（2019.10.24アクセス）．

官民ファンドの活用推進に関する関係閣僚会議幹事会（2018）官民ファンドの運営に係るガイドラインによる検証報告（第10回），cas.go.jp/jp/seisaku/kanmin_fund/pdf/kenshohoukoku_dai10.pdf（2019.9.7アクセス）．

岸真清（2013）『共助社会の金融システム──生活者と投資家の視点──』文眞堂．

岸真清・島和俊・浅野清彦・立原繁（2016）『ソーシャルビジネスのイノベーション』同文舘出版．

岸真清・島和俊・浅野清彦・立原繁・片岡勲人・服部泰・小澤考人（2017）『基本観光学』東海大学出版部．

岸真清（2018）「地方創生の内発的発展アプローチ」，『商学論纂』（中央大学）第59巻第5・6号．

金融庁（2003）「リレーションシップバンキングの機能強化に関するアクションプログラム──中小・地域金融機関の不良債権問題の解決に向けた中小企業金融の再生と持続可能性（サステナビリティー）の確保──」，fsa.go.jp/news/newsj/14/ginkou/f-20030328-2.html（2005.5.6アクセス）．

──（2005）「地域密着型金融の機能強化の推進に関するアクションプログラム（平成17～18年度）」，fsa.go.jp/newsj/newsj/16/ginkou/f-20050329-4.html（2005.5.6アクセス）．

──（2006）「貸金業法改正等の概要」，fsa.go.jp/policy/kashikin/04.pdf（2019/6/26アクセス）．

──（2014）「金融商品取引法等の一部を改正する法律に係る説明資料」，fsa.go.jp/common/diet/180/04/setsumei.pdf（2019.6.4アクセス）．

──（2017）「金融商品取引法の一部を改正する法律案要綱」，www.fsa.go.jp/common/diet/193/02/youkou.pdf（2018.2.21アクセス）．

クラウドポート編集部（2019）「ソーシャルレンディング情報」，https://www.crowdport.jp/news/4026/（2019.10.15アクセス）．

経済産業省「社債の活用 スライド」，www.meti.go.jp/report/downloadfiles/ji23.ppt（2018.2.10アクセス）．

経済産業省地域経済産業グループ（2019）「地域未来投資促進法について」，meti.go.jp/policy/sme chiiki/ miraitoushi/file/miraitoushi-gaiyou.pdf（2019.5.6アクセス）．

相模原市（2017）「相模原市市民協働推進基本計画 平成26年度～平成31年度」city.sagamihara. kanagawa.jp/_res/projects/default_project/_page_/001/004/931/ keikaku.pdf（2018.5.7アクセス）．

佐々木敦也（2016）「ザ・クラウドファンディング」金融財政事情研究会．

佐藤豊彦・胥鵬（2010）「非上場企業における私募債と銀行借入の選択」，rieti.go.jp/jp/publications/dp/10j056.pdf（2018.1.28アクセス）．

ジャパンギビング（2018）「団体情報／団体詳細」，https://fields.canpan.info/organization/detail/1596011948（2019.10.15アクセス）．

柴山清彦（2011）「地域産業再生のための「新たなコミュニティ」の生成」（日本公庫総研レポート No.2011-4），jfc.go.jp/n/findings/pdf/ soukenrepo_11_10_24.pdf（2011.10.24アクセス）．

全国信用保証協会連合会「もっと知りたい信用保証」，zenshinhoren.or.jp/quarantee-system/hoshoseido.html（2018.5.7アクセス）．

総務省『地方財政白書』各年次版．

―― (2019)「家計調査報告（貯蓄・負債編）」, https://www.stat.go.jp/data/sav/sokuhou/nen/index. html.（2019.11.18アクセス）.

地方債協会（2019）「住民参加型市場公募地方債」, www.chihousai.or.jp/03/03_03_18.html.

投資のクラリオ（2018）「クラウドファンディングのファンド型とは？ ファンド型で失敗しない方法」, crowd-portfolio.jp（2019.10.15アクセス）.

中小企業金融公庫総合研究所（2008）『地域活性化に向けた地域金融機関の多様な取り組み』（中小公庫レポート）No.2008-5, jfc.go.jp/n/findings/pdf/tyuusyourepo_08_05（2011.10.24アクセス）.

燕市（2017）「地域未来投資促進法「燕市地域基本計画」の概要」, city.tsubame.nigata.jp/content/100865983.pdf（2019.5.6. アクセス）.

内閣官房まち・ひと・しごと創生本部事務局（2015）「地域の成長戦略実現のための金融機関との連携について」, https://www.kantei.go.jp/jp/singi/sousei/meeting/tihousousei_setumeikai/h27-04-03-siryo4.pdf（2016/11/5アクセス）.

―― (2017)「生涯活躍のまち」構想の具体化に向けたマニュアル」, kantei. go.jp/ jp/ singi/sousei/about/ccrc/zentai. pdf（2018.9.10アクセス）.

内閣府（2019）『高齢化白書』

内閣府閣議決定（2015）「経済財政運営と改革の基本方針2015――経済財政再生なくして財政再建なし――」, http://www5.cao.go.jp/keizai-shimon/kaigai/cabinet/2015/2015_basicpolicies_ja.pdf（2018.8.11アクセス）.

中本悟（2013）「アメリカにおける低所得コミュニティの開発と金融」, jsie.jp/Annual_Meeting/2013f_Yokohama_n_Univ/pdf/8_3%20fp.pdf（2019.7.22アクセス）.

西村清彦・山下明男編著（2004）『社会投資ファンド』.

日本銀行信用機構局（2004）『海外における協同組織金融機関の現状』日本銀行『調査季報』秋（10月）.

日本銀行調査統計局『日本銀行統計』各年次版.

日本証券業協会（2018）「公社債発行額・償還額」, jsda.or.jp/shiryoshitsu/toukei/hakkou/index.html（2018.5.7アクセス）.

農林中央金庫『農林金融』各年次版.

馬場英明・木村真樹・荻江大輔・中山学・三村総（2010）「コミュニティ・ユース・バンクmono の挑戦――市民運動を支える NPO バンク――」, baba-hi72.up.seesaa.net/image/Hieiri_vol2_baba_kimura_etc_pdf（2018.9.10アクセス）.

原田博夫（2019）「ソーシャル・ウェルビーイング研究の意義―― GDP 指標へのチャレンジ――」専修大学社会知性開発研究センター／ソーシャル・ウェルビーイング研究センター『ソーシャル・ウェルビーイング研究論集』第5号.

矢野経済研究所（2018）「2017年度の国内クラウドファンディング市場規模は新規プロジェクト支援ベースで前年度127.5％増の1,700億円」, moneyzine.jp/article/detail/215660（2019/4/2アクセス）.

由里宗之（2001）『地域社会と協業するコミュニティ・バンク』ミネルバ書房.

Funk, A.S. (2019) *Crowd funding in China: A New Institutional Economics Approach*, Springer Nature Switzerland.

Massolution Crowdfunding Industry (2016) *Massolution Crowdfunfding Industry 2015 Report*, crowdexpert.com/crowdfunding-industry-statistics/（July 3 2019アクセス）.

Vázquez-Barquero, A. (2010) *The New Forces of Development: Territorial Policy for Endogenous Development*, Singapore: World Scientific.

Wang, G. and Yang, J. (2016) *Financing without Bank Loans: New Alternatives for Funding SMEs in China*, Singapore: Springer.

第3章　郵政事業の規制緩和と未来

立原　繁

1．郵政事業の概要

1.1 「日本郵政グループ」の誕生について

　郵政事業は1871年（明治4），前島密により郵便制度が創設され，1875年（明治8）に郵便貯金事業，1916年（明治39）年に簡易保険事業が創業され，まもなく郵政事業が始まって150年の節目を迎える．

　その間，郵政事業の事業主体は，逓信省から郵政省，総務省の外局としての郵政事業庁，郵政公社と移り変わり，2006年（平成18）1月に日本郵政株式会社（以下，「日本郵政」という．）となった．日本郵政は，郵政民営化法及び日本郵政株式会社法に基づき，郵便事業株式会社及び郵便局株式会社の発行株式の総数を保有し，これらの経営管理及び業務の支援を行うことを目的とする株式会社として設立された．その後，2006年（平成18）9月には，日本郵政の全額出資により，株式会社ゆうちょ（現　株式会社ゆうちょ銀行）及び，株式会社かんぽ（現　株式会社かんぽ生命）が設立された．

　2007年（平成19）10月，郵政民営化（郵政民営化関連6法の施行）に伴い日本郵政公社が解散すると，その業務その他の機能並びに権利及び義務は，5つの承継会社（日本郵政株式会社，郵便事業株式会社，郵便局株式会社，株式会社ゆうちょ銀行及び株式会社かんぽ生命），郵便貯金および簡易生命保険の適正かつ確実な管理等を行う独立行政法人郵便貯金・簡易生命保険管理機構に引き継がれた．これにより，日本郵政を持株会社とし，郵便事業株式会社，郵便局株式会社，株式会社ゆうちょ銀行及び株式会社かんぽ生命を中心とした日本郵政グループが発足した．

　郵政民営化2007年（平成19）10月1日後，約4年半が経過した2012年（平成24）4月に「郵政民営化法等の一部を改正する等の法律案」が成立し，同年5月に公布された．これにより，郵便事業株式会社と郵便局株式会社は，郵便局株式会社を存続会社として合併し，社名を日本郵便株式会社に変更したことに

より，日本郵政グループは5社体制から4社体制へと再編された．

　また，同時にユニバーサル・サービス（郵便の役務，簡易な貯蓄，送金及び債券債務の決済の役務，並びに簡易に利用できる生命保険の役務を利用者本位の簡便な方法により郵便局で一体的かつ将来にわたりあまねく全国において公平に利用できるようにすること．）の範囲が拡充され，これまでの郵便サービスのみならず，貯金，保険の基本的なサービスを郵便局で一体的に利用できる仕組みが確保されるようになった．

　日本郵政が保有する株式会社ゆうちょ銀行及び株式会社かんぽ生命（以下，「金融2社」という．）の株式は，その全部を処分することを目指し，金融2社の経営状況，ユニバーサル・サービス確保の責務の履行への影響を勘案しつつ，できる限り早期に処分することとされている．

　なお，政府が保有する日本郵政の株式については，政府は，2011年（平成23）11月に成立した「東日本大震災からの復興のための施策を実施するために必要な財源の確保に関する特別措置法」により，復興債の償還費用の財源を確保するため，日本郵政の経営状況，収益の見通しその他の事情を勘案しつつ処分のあり方を検討し，その結果に基づいて，できる限り早期に処分することされている．

　この法律上の要請に加え，金融2社の株式についても，金融2社の経営の自由度確保のため早期の処分が必要であること，また，金融2社の株式価値を日本郵政の株式価格に透明性を持って反映させることといった観点を総合的に勘案され，日本郵政及び金融2社の上場はいずれも遅らせることなく，同時に行うことが最も望ましいとも判断され，政府による日本郵政の株式の売出し・上場に合わせ，金融2社についても，同時に売出し・上場を行うこととし，2015（平成27）11月4日，日本郵政及び金融2社は東京証券取引所市場第一部に同時上場した．

1.2 「日本郵政グループ」の概要（業務）について

　日本郵政グループは，日本郵政，日本郵便株式会社，株式会社ゆうちょ銀行及び株式会社かんぽ生命を中心に構成され，①「郵便・物流事業」，②「金融窓口事業」，③「国際物流事業」，④「銀行業」，⑤「生命保険業」等の事業を営んでいる．また，これらに含まれていない⑥「その他の事業」も営んでいる．

①の「郵便・物流事業」としては,

  (a) 郵便事業
- 郵便サービスを全国一律の料金であまねく公平に提供し,国内郵便に加え,万国郵便条約などの条約・国際取り決めに基づく国際郵便(通常・小包・EMS)の提供
- お客様の郵便発送業務一括アウトソーシングのニーズに応えるため,郵便物などの企画・作成(印刷)から封入・封かん,発送までのワンストップで請け負うトータルサービスの提供
- 国からの委託による印紙の売りさばき,お年玉付郵便葉書の発行等の業務

  (b) 物流事業
- 宅配便(ゆうパック等)及びメール便(ゆうメール等)の運送業務
- e コマース市場の成長に伴う多様な顧客ニーズに的確に応えたサービスの提供
- 多様化・高度化する物流ニーズに対して,お客様に最適な物流戦略,物流システムの設計,提案,構築から運用までを行う3PL(サードパーティーロジスティクス)サービスの提供
- 増大する日本と中国などアジアを中心とした物流ニーズに対応するため,総合的な物流シリューションの提供
- e コマースを中心とした小口荷物の国際宅配需要を獲得するため,資本・業務提携した海外物流パートナーである,仏 GeoPost S.A. 及び香港 Lenton Group Limited との間で開発した国際宅配便サービスである「ゆうグローバルエクスプレス」により国際郵便で提供できない付加価値サービスの提供

  (c) その他
- カタログ等に掲載されている商品もしくは権利の販売または役務の提供に係わる申込みの受け付け,商品代金の回収等の業務
- 地方公共団体からの委託を受けて高齢者等への生活状況の確認,日用品の注文・図書の貸出の受付,廃棄物の不法投棄の見回り,また,外務員を活用した生活用品等の注文内容を記載した郵便物の集荷及びゆうパック等による注文品の配達,小学生等からの励ましのメッセージ

を記載した郵便物の定期的な配達，郵便物またはゆうパック等の配達時における励ましの声かけ等の業務（いわゆる「ひまわりサービス」）
・郵便等を利用した広告媒体を開発し，クライアントからの広告プロモーションを受注する広告業務を実施するとともに，広告プロモーションの改善等に係わるコンサルティング等の業務

である．これらの「郵便・物流事業」は，日本郵政グループの関係会社である①日本郵便，②日本郵便輸送株式会社，③日本郵便デリバリー株式会社，④日本郵便メンテナンス株式会社，⑤株式会社JPロジサービス，⑥JPサンキュウグローバルロジスティクス株式会社，⑦JPビズメール株式会社，⑧株式会社JPメディアダイレクト，⑨東京米油株式会社，により提供されている．

②の「金融窓口事業」としては，
(a) 郵便・物流事業に係わる窓口業務
・郵便物の引受け・交付，郵便切手類の販売，ゆうパック等物流サービスの引受け，印紙の売りさばき等の業務
(b) 銀行窓口業務等
・ゆうちょ銀行から委託を受け，通常貯金，定額貯金，定期貯金，送金・決済サービスの取扱いの業務
・国債や投資信託の窓口販売などの業務
(c) 保険窓口業務等
・かんぽ生命保険から委託を受け，生命保険の募集や保険金の支払いなどの業務
(d) 物販事業
・カタログ等を利用して行う商品または権利の販売並びに商品の販売または役務の提供に係わる契約の取次及び当該契約に係わる代金回収を行う業務等として，生産地特選販売，年賀状印刷サービス，フレーム切手販売，文房具等の郵便等関連商品の陳列販売等を行うとともに，窓口，渉外社員による販売に加え，インターネット及びDMによる販売の業務
(e) 不動産業務
・郵政民営化に伴い公社から継承した不動産を基に高度商業地域に位置する旧東京中央郵便局敷地（現：JPタワー）などを開発し，事務所・

商業施設・住宅等の賃貸・管理事業のほか，賃貸用建物の運営管理業
　　務及び分譲事業等の不動産事業の業務
　(f)　提携金融サービス
　　・かんぽ生命保険以外の生命保険会社や損害保険会社などから委託を受
　　　け，変額年金保険，法人（経営者）向け生命保険，がん保険，引受条
　　　件緩和型医療保険，自動車保険等の販売業務
　(g)　その他の事業
　　・地方公共団体の委託を受けて行う戸籍謄本や住民票の写し等の公的証
　　　明の交付事業，ごみ処理券等の販売，バス利用券等の交付事務
　　・当せん金付証票（宝くじ）の販売等の事務に係わる業務
　　・日本放送協会からの委託を受けて行う放送受信契約の締結・変更に関
　　　する業務
　　・郵便局等の店舗スペース等の活用，窓口ロビーへのパンフレット掲出
　　　等の広告業務
　　・会員向け生活支援サービス業務（郵便局のみまもりサービス）
である．これらの「金融窓口事業」は，日本郵政グループの関係会社である①
日本郵便，②株式会社郵便局物販サービス，③JP ビルマネジメント株式会社，
④JP コミュニケーション株式会社，⑤日本郵便オフィスサポート株式会社，
⑥JP 損保サービス株式会社，⑦株式会社 JP 三越マーチャンダイジング，⑧株
式会社ゆうゆうギフト，⑨JP 東京特選会株式会社，⑩セゾン投信株式会社，
⑪株式会社ジェイエイフーズおおいた，⑫リンベル株式会社，により提供され
ている．
　③の「国際物流事業」としては，
　　・Toll Holdings Limited（以下「トール社」という．）及び同社傘下の子会
　　　社において，オーストラリア，ニュージーランド国内等におけるエクス
　　　プレス輸送と貨物輸送，アジアからの輸出を中心としたフルラインでの
　　　国際的貨物輸送及びアジア太平洋地域における3PL プロバイダーとして
　　　の輸送・倉庫管理や資源・政府分野の物流等のサービスについての業務
　　・トール社及び同社傘下の子会社は，①グローバルエクスプレス，②グロ
　　　ーバルフォード，③グローバルロジスティクス，の３部門で構成されて
　　　おり，不特定の顧客や小さな契約ベースの顧客を対象としたエクスプレ

ス事業とフォワーディング事業，特定顧客のニーズを満たすために構築したロジスティクス事業の提供業務
である．これら「国際物流事業」は，日本郵政グループの関係会社である Toll Holdings Limited 及び同社傘下の連結子会社235社と，Toll Holdings Limited 傘下の関連会社16社，により提供されている．

④の「銀行業」としては，

- ・ゆうちょ銀行が，銀行法に基づき，預入限度額内での預金（貯金）業務，シンジケートローン等の貸出業務，有価証券投資業務，為替業務，国債，投資信託及び保険商品の窓口販売，住宅ローン等の媒介業務，クレジットカード業務などの業務
- ・日本郵便の郵便局ネットワークをメインチャネルに，お客様に生活・資産形成に貢献する金融サービスを提供し，お預かりした貯金を有価証券で運用することを主な事業としている
- ・ゆうちょ銀行及びその関係会社は，銀行業務のほか，金融商品取引業務などを行っている

(a) 資金運用

- ・ゆうちょ銀行は，2018年（平成30）3月末現在，個人預金が90％超を占める179.8兆円の貯金を，主として有価証券139.2兆円（内，国債62.7兆円，その他の証券59.2兆円）で運用し，資金運用収益を中心に収益の確保を図っている
- ・具体的には，想定した市場環境のもと，負債の状況等を踏まえて国債等の運用資産・運用期間を適切に管理するとともに，収益源泉の多様化・リスク分散の観点から，国際分散投資の推進，オルタナティブ資産への投資など運用の高度化・多様化を図っているほか，地域経済活性化にも貢献すべく，従来からの地方公共団体向け資金供給の強化に加え，地域金融機関と連携し，地域活性化ファンドへの出資等に取り組んでいる
- ・金融資産及び金融負債は，市場リスク（金利，為替，株式などの様々な市場リスク・ファクターの変動により，資産・負債の価値が変動し損失を被るリスク，資産・負債から生み出される収益が変動し損失を被るリスク）や信用リスク（信用供与先の財務状況の悪化等により，

資産の価値が減少ないし消失し，損失を被るリスク）を伴うものであるため，デリバティブ取引等で一定のリスクをヘッジしつつ，安定的な収益確保に努めている

(b) 資金調達，資産・負債総合管理

・ゆうちょ銀行は，本支店その他の営業所，日本郵便が展開している郵便局ネットワークを通じて，お客様から通常貯金，定額・定期貯金などの各種の貯金を預入限度額内でお預かりしている

・管理機構が，公社から承継した郵便貯金に相当する預かり金を，特別貯金として受け入れている

・資金運用（資産）と市場取引も含めた資金調達（負債）について，金利リスクや流動性リスク（運用・調達期間の差異や資金流出により，必要な資金調達や通常の金利での資金調達が困難になるリスク）をマネージしつつ，国債運用等で安定的収益の確保を図る「ベース・ポートフォリオ」と国際分散投資等を拡大し主に信用・市場リスクを取って収益の積上げを追求する「サテライト・ポートフォリオ」の枠組みのもとで，資産・負債を総合的に内部管理する ALM（Asset Liability Management）を適切に展開し，中期的な安定的収益の確保に努めている

・平成30年度からは，運用の高度化・多様化が進み，サテライト・ポートフォリオの残高が相応に積み上がったことを契機に，これまでのベース・ポートフォリオとサテライト・ポートフォリオという管理の枠組みをポートフォリオの特性に合わせ，7つのポートフォリオに細分化して管理する枠組みに移行している

(c) 手数料ビジネス

・ゆうちょ銀行は，本支店その他の営業所（直営店）・日本郵便の郵便局ネットワークを通じて，為替業務，国債・投資信託等の資産運用商品の販売，クレジットカード」業務，住宅ローン等の媒介業務及び各金融機関と連携した ATM 提携サービスなどを提供し，手数料（役務取引等）収益を確保している

である．これら「銀行業」は，日本郵政グループの関係会社である①ゆうちょ銀行，②JP インベストメント株式会社及び同社傘下の連結子会社１社，③JP

投信株式会社，④SDPセンター株式会社，⑤日本ATMビジネスサービス株式会社，により提供されている．

⑤の「生命保険業」としては，

・かんぽ生命保険が，保険業法に基づく免許・認可を得て，生命保険の引受け及び有価証券投資，貸付等の資産運用業務を行っている
・日本郵便との間で生命保険募集・契約維持管理業務委託契約を締結し，2018年（平成30）3月31日現在，20115局の郵便局で生命保険募集等を行っている

　（a）生命保険業

　　・かんぽ生命保険は，生命保険業免許に基づき，①個人保険及び財形保険，②個人年金保険及び財形年金保険，③再保険，の保険引受業務及び，④有価証券の取得，⑤不動産の取得，⑥金銭債権の取得，⑦金銭の貸付（コールローンを含む），⑧有価証券の貸付，⑨預金または貯金，⑩金銭，金銭債権，有価証券または不動産等の信託，⑪有価証券関連デリバティブ取引，金融等デリバティブ取引または先物外国為替取引，⑫その他郵政民営化法第138条に定められた方法等，の資産運用業務を行っている

　（b）他の生命保険会社，その他金融業を行う者の業務の代理または事務の代行

　　・かんぽ生命保険は下記の保険会社の商品の受託販売等を行っている．
　　　エヌエヌ生命保険株式会社
　　　住友生命保険相互会社
　　　第一生命保険株式会社
　　　東京海上日動あんしん生命保険株式会社
　　　日本生命保険相互会社
　　　三井住友海上あいおい生命保険株式会社
　　　明治安田生命保険相互会社
　　　メットライフ生命保険株式会社
　　　アフラック生命保険株式会社

　（c）管理機構から委託された簡易生命保険管理業務

　　・かんぽ生命保険は，郵政民営化法により公社から管理機構に承継され

116

た，簡易生命保険契約の管理業務を，管理機構から受託している

である．これらの「生命保険業」は，日本郵政グループの関係会社である①かんぽ生命保険，②かんぽシステムソリューションズ株式会社，により提供されている．

⑥の「その他の事業」としては，

（a）グループシェアード事業

・日本郵政グループ各社が個別に実施するよりもグループ内で1カ所で集約したほうが効率的な実施が見込まれる間接業務（電器通信役務及び情報処理サービスの提供，人事及び経理に関する業務，福利厚生に関する業務，不動産の管理等に関する業務，人材派遣・紹介等の業務，コールセンターに関する業務，人材育成に関する業務及び健康管理業務など）を，事業子会社から受託して実施することにより，業務を支援することにより，業務を支援するとともに，経営効率の向上を図っている

（b）病院事業

・日本郵政グループの企業立病院として，逓信病院を設置している（平成30年3月末現在，7カ所）

（c）宿泊事業

・直営のかんぽの宿2018年（平成30）3月末現在，50カ所）等の経営，「ホテルメルパルク」2018年（平成30）3月末現在，11カ所）等の賃貸借，管理を行っている

（d）投資事業

・成長性の高い企業に出資を行うことにより，出資先企業と日本郵政グループとの連携及び中長期的なグループ収益を図っている

である．これらの「その他の事業」は，日本郵政グループの関係会社である①日本郵政株式会社，②日本郵政スタッフ株式会社，③ゆうせいチャレンジド株式会社，④JPホテルサービス株式会社，⑤日本郵政インフォメーションテクノロジー株式会社，⑥日本郵政キャピタル株式会社，⑦JPツーウェイコンタクト株式会社，により提供されている．

日本郵政グループが行うこれらの膨大な業務は，お客様にサービスを提供するための営業拠点として全国に設置した直営の郵便局（2018年（平成30年）3

月末現在：２万154局）及び業務を委託した個人または法人が運営する簡易郵便局（平成30年３月末現在：4241局）で提供されている．

　この業務に携わる従業員は，2018年（平成30）３月31日現在で，①郵便・物流事業（従業員：９万7210人，臨時従業員：10万9065人），②金融窓口事業（従業員：10万19人，臨時従業員：３万5085人），③国際物流事業（従業員：２万4213人，臨時従業員：8029人），④銀行業）（従業員：１万3022人，臨時従業員：4613人），⑤生命保険業（従業員：8112人，臨時従業員：2897人），⑥その他事業（従業員：3287人，臨時従業員5527人）で，日本郵政グループ全体で，従業員（正社員）24万5863人，臨時従業員（非正社員）16万5215人で，総勢41万1078人に上る．

1.3　金融２社の株式売却

　金融２社株式の売却については，日本郵政としては，郵政民営化法にしたがい，最終的には日本郵政が保有する全ての金融２社株式を売却する方針であるが，その前提として，金融２社株式の売却に伴う日本郵政と金融２社との資本関係の変化が，金融２社の経営状況並びに日本郵政及び日本郵便に課せられているユニバーサル・サービス確保の業務の履行に与える影響を見極める必要がある．日本郵政としては，まず，金融２社の経営状況及びユニバーサル・サービス確保の責務の履行への影響が軽微と考えられる日本郵政の保有割合が50％程度となるまで，段階的に売却を進める考えである．なお，金融２社株式の２分の１以上を処分することにより，郵政民営化法により課せられている新規業務に係わる規制が認可制から届出制へと緩和させることとなる．

　2018年（平成30）３月31日現在であるが，日本郵政は，ゆうちょ銀行の89％の株式を所有している．また，かんぽ生命保険の株式も同様に89％を所有していたが，２度目の株式の売却を2019年（平成31）４月に行い，現在，日本郵政が保有するかんぽ生命保険の全株式の割合は約65％まで低下している．

　日本郵政と金融２社との2018年（平成30）３月期における内部取引の状況は，下記の様相である．

　　・ゆうちょ銀行から「ブランド価値使用料」として日本郵政へ「41億2300万円」

　　・ゆうちょ銀行から「システム利用料」として日本郵政へ「178億7000万

円」

・ゆうちょ銀行から「貯金旧勘定交付金」として日本郵政へ「56億7900万円」

・ゆうちょ銀行から「株式の配当金」として日本郵政へ「1668億5100万円」

・かんぽ生命保険から「ブランド価値使用料」として日本郵政へ「31億9400万円」

・かんぽ生命保険から「システム利用料」として日本郵政へ「18億1500万円」

・かんぽ生命保険から「株式の配当金」として日本郵政へ「320億4000万円」

2018年（平成30）3月期決算によると日本郵政の経常利益9161億4400万円であるが，その内，ゆうちょ銀行とかんぽ生命保険の金融2社からの配当金は合計1988億9100万円で，日本郵政の経常利益の約22％に上る．今後，日本郵政は金融2社の株式の売却を進めることになるが，売却すればするほど，金融2社からの配当金は減少することとなる．

今後，金融2社の株式の売却を見据えた事業ポートフォリオ移行をスムーズに進めることが重要である．日本郵政グループ各社の企業価値向上に資する幅広い分野での資本提携やＭ＆Ａも，投資判断基準に照らして慎重に検討し，適切と判断したものを実施していくことが重要である．

ゆうちょ銀行及びかんぽ生命保険の金融2社は，現在，日本郵便が金融のユニバーサル・サービス提供に係わる責務を果たすために営む銀行代理業または保険募集等に係わる業務委託契約を日本郵便との間でそれぞれ締結しており，それぞれ日本郵政グループにおいて，日本郵便株式会社法第2条第2項に定める関連銀行として銀行業セグメントまたは同条第3項に定める関連保険会社として生命保険セグメントを担っている．

グループ会社として相互に連携・協力し，シナジー効果を発揮するため，日本郵政及び金融2社は，「日本郵政グループ協定」及び「日本郵政グループ運営に関する契約」を締結しており，その存続期間は，金融2社が日本郵便と締結している業務委託契約が解除されるまでとしている．なお，これらの契約の解除は，「日本郵政による金融2社の株式売却と連動していないともされてい

る」この点を付け加えておく.

1.4　金融2社からの受託手数料に関するリスク

　日本郵政の子会社である日本郵便は，ゆうちょ銀行から銀行窓口業務等の委託，また，かんぽ生命保険から保険窓口業務等の委託を受けており，これらの業務は金融窓口事業セグメントの収益の大部分を占めていることから，両社の経営状況の悪化や経営方針に変更が生じた場合には，日本郵政グループの事業，業績及び財政状況に大きな影響を及ぼす可能性がある.

　2018年（平成30）3月期現在の日本郵便に対する金融2社の関係については下記の様相である.

　　　　・ゆうちょ銀行から「銀行代理業の業務に係わる受託手数料の受取」として日本郵便へ「5981億1600万円」
　　　　・かんぽ生命保険から「保険代理業務の業務に係わる受託手数料受取」として日本郵便へ「3722億6500万円」

　日本郵便が金融2社との間で締結している銀行窓口業務契約等及び保険窓口業務契約等に基づく2018年度（平成30）3月期における各社からの受託手数料は，それぞれ5981億円及び3722億円であり，それぞれ日本郵政グループの金融窓口事業セグメントにおける経常収益の約44％及び約27％を占めており，かかる受託手数料は今後も日本郵政グループの金融窓口事業における収益の重要な部分を占めることとなるものである. 受託手数料は，銀行法・保険業法に定められたアームズレングスルール等を遵守することが求められており，恣意的な変更が行われることは想定しにくいが，今後，金融2社の収益の減収が続くなどの合理的な理由に基づき受託手数料の額を減額するまたは対象となる業務の範囲を限定する等，日本郵便にとって不利に改定されることも考えられる.

　また，特にゆうちょ銀行から受け取る受託手数料については，ゆうちょ銀行の直営店での業務コストをベースに，日本郵便での取扱実績に基づいて委託業務コストに見合う額が算出されるため，ゆうちょ銀行において業務コストの削減が行われた場合には，日本郵政グループの金融窓口事業における収益に大きな影響を与える可能性がある.

　金融2社はユニバーサル・サービスの提供に係わる法的義務を負うものでなく，金融2社が，郵便局ネットワークに代替する販売チャネル（たとえば，

ATMの相互利用，オンライン取引，日本郵政グループ外の企業への委託，など）をより重視するようになった場合や，窓口業務の健全・適切な運営確保の観点から特段の事由が生じた場合，銀行窓口業務契約等及び保険窓口業務契約等の解除が発生した場合には，日本郵政グループの業績及び財政状態に大きな影響を及ぼす可能性がある．

2．郵政事業のユニバーサル・サービス

2.1　日本郵政とユニバーサル・サービス

　日本郵政は，「郵政グループビジョン2021」の中で，創業150年である2021年（令和3）を目途として，郵便局をお客様の「安全，安心，信頼，利便」の拠点として機能的なネットワークに創造していくとしている．同ビジョンでは，郵便局が3事業のサービスを提供する「安全，安心，信頼，利便」の拠点となり，郵便局を日本郵政グループのハブとして地域社会に貢献するという役割の方向性が示された．そして，お客様のニーズに応える効率的で機能的な郵便局ネットワークを創造し，ユニバーサル・サービスの提供及び地域性・公共性の発揮が宣言された．

　経営的な方向性としては，郵便局をハブとした日本郵政グループの新展開として，3つの改革が示された．それらは，①サービスの改革「総合生活支援企業グループとしての展開」（日本郵政グループが一体となって様々なライフスタイル，ライフサイクルに対応した商品・サービスを多様なチャネルから提供する），②マネジメントの改革「全国に広がる2万4500郵便局ネットワークの活性化」（郵便局の公共性を維持しつつ，上場企業として競争力，収益力のある会社としての再構築），③社風の改革「郵政スピリッツの創造」（変革に向けてチャレンジする社員を支援し，働きがいのある会社を創造する），である．

　郵便局は，「日本郵政株式会社法」でその設置基準が明確にされている．それらは，①あまねく全国において利用されることを旨として郵便局を設置しなければならない．②郵便局の設置については，いずれの市町村（特別区を含む）においても，一つ以上の郵便局を設置しなければならない．③地域住民の需要に適切に対応できるように郵便局を設置しなければならない．④交通，地理その他の事情を勘案して地域住民が容易に利用することができる位置に設置

しなければならない．⑤過疎地域においては，郵政民営化法の一部改正の法律の施行の祭，現に存在する郵便局ネットワークの水準を維持することを旨とすること，である．

　また，日本郵政は，「郵便の役務，簡易な貯蓄，送金及び債権債務の決済の役務並びに簡易に利用できる生命保険の役務が利用者本位の簡便な方法により，郵便局で一体的に利用できるようにするとともに将来にわたりあまねく全国において公平に利用できることが確保されるよう，郵便局ネットワークを維持するものとする」としている．そして，「郵便局ネットワークの活用その他の郵政事業の実施に当たっては，その公共性及び地域性が十分に発揮されるようにするものとする」としている．

　そして，郵便局の価値として，以下の4つの基本理念を謳っている．

(1)生活インフラ（郵便局は，誰もが，どこでも，利用できる，生活インフラ）

　①郵便局は，生活に欠かせないサービスや情報を利用でき，地域の様々な人に出会える場

　　・最も身近な窓口：平均距離1.1km（小学校と同じ）

　　・窓口の利用者：675万人／日

　②郵便局員が地域の家庭などを訪れるネットワーク

　　・毎日の配達：3100万の家庭など

　　・日刊紙の配達：5000万部／年

(2)全国ネットワーク性（情報，モノ，カネを流通させる全国2万4500のネットワーク）

　　・情報―郵便：5100万通／日

　　・モノ―小包：100万個／日

　　・カネ―送金：600万件／日

(3)公共性（ユニバーサル・サービス，社会的政策の実現）

　①全国あまねく（全国2万4500の郵便局，過疎地域を含む1741の全市町村にある郵便局においてサービスを提供．この中には不採算地域も含まれる．）

　②いつでも（非常時を含めたライフラインサービス，生命線維持サービス）

③公平（郵便局サービスは，誰もがどこでも同一サービスを同一条件で受けることが可能）

④生活基礎サービス（国民生活に必要な情報・モノ・カネの交流を支える基礎的なサービス）

・郵便——基礎的通信，基礎的物品送達

・郵貯・簡保——基礎的自助支援手段

・公的窓口サービス——年金・恩給の支払など

(4)独立採算（質的向上・効率化へのインセンティブ）

　上記の郵便局の価値を使用して，すでに公企業時代から郵便局ネットワークは「公的部門のワンストップサービス」の拠点になることを掲げ，ネットワークとしての活用と効率化を試みてきた．

　事実，「郵便局ビジョン2010」において，「地域住民の生活を支える上で，ワンストップ行政サービスの推進が非常に重要である」とし，当時，郵便局において地域貢献施策の実施として，地方公共団体からの受託業務の推進を推し進めて来た．郵便局窓口において，公的証明書交付事務（住民票の写しの交付など），受託窓口事務（受託販売事務，受託交付事務，利用申込取次事務）を推進してきた．

　しかし，いまだ郵便局ネットワークはワンストップサービスの高度化をなかなか実現できないままでいる．郵便局は国民利用者の公的部門を含む「コンビニエンス」になれるか，上場企業としての企業価値が問われている．

2.2　現在の「ユニバーサル・サービス」水準を維持できるか

　郵便のユニバーサル・サービスは，現代の郵便制度の骨格を成している．1964年（昭和39）に制定された万国郵便条約は，ユニバーサル・サービスを「全ての利用者が，その質を重視した郵便の役務を，加盟国の領域の全ての地点において，恒久的，かつ合理的な価格の下で受け付けることができるような普遍的な郵便業務の提供を受ける権利を享有することを確保する」（第3条）と定義している．そして加盟国の責務として「自国民のニーズ及び国内事情を考慮して，関係する郵便業務の範囲を定めるとともに，その質を重視し，及び合理的な価格を設定することについて条件を定める」ことを求めている．一般的に，ユニバーサル・サービスは，①地理的ユニバーサル・サービス（全国ど

の地域でもサービスを受けられること），②経済的ユニバーサル・サービス（誰もが利用可能な料金でサービスを受けられること），③社会的ユニバーサル・サービス（全ての人が差別なくサービスが受けられること），④技術的ユニバーサル・サービス（一定の品質を持ったサービスを受けられること），の4要素から成り立っていると理解されている．

　これらについての利用者の権利を保障するため，各国の規制当局は具体的なユニバーサル・サービス基準を定め，自国の郵便事業者に対してその提供義務（ユニバーサル・サービス義務）を課している．しかし，ユニバーサル・サービスに係わる費用を，誰が，どのような方法で負担するかという大きな問題がある．郵便事業の独占が制度的に維持されているうちは，内部相互補助によってユニバーサル・サービスコストを上回る一定収益を確保することは比較的容易だったが，郵便市場における競争政策の導入・拡大は，それまでの郵便事業体の財政収支を悪化させ，ユニバーサル・サービス義務のための財政基盤を損なうことになっている．

　以前は，ユニバーサル・サービス義務のための財政的措置については，郵便事業体に対する独占権付与が最も伝統的な方策であった．しかし，1990年代以降，世界の郵便事業は，①技術的による他の通信メディアの発達，②民間宅配事業者の郵便物流への進出，③伝統的郵便事業体の非効率性の顕在化，④グローバル市場の発展，などの影響を受け，郵便市場の自由化と郵便事業体の経営改革（民営化）がほぼ同時並行的に進められることとなった．とりわけ，郵便自由化は独占領域の縮小あるいは廃止をもたらし，伝統的な郵便事業体にとってはそれだけ安定的な収入源が失われたことになる．そのことは，必然的にユニバーサル・サービスの供給体制に影響を及ぼし，サービス品質の低下あるいはサービス範囲の縮小などのリスクが高まったことになる．

　日本では2007年（平成19）から実施された郵政民営化を背景としながら，政府内で郵便自由化とユニバーサル・サービスの確保のあり方について議論がなされてきた経緯がある．株式上場がなされたことにより，今後，株主は，より高い配当金とキャピタルゲインを要求してくるものと思われる．その中で，日本郵政グループが提供義務を持つユニバーサル・サービスをどのように位置づけるのか，ユニバーサル・サービスコストをどのように負担するのか，現在の水準のユニバーサル・サービスを維持できるのか，その課題は大きい．

2.3 現在のユニバーサル・サービス確保方策

　2012年（平成24）の改正郵政民営化法を経て，日本郵政及び日本郵便にユニバーサル・サービス提供の責務が課せられている．これは，信書等を送達する郵便サービス，簡易な貯蓄，送金及び債権債務の決済サービス，簡易に利用できる生命保険のサービスという郵政事業のサービスが国民生活に必要不可欠な公共性の高いサービスとして位置づけされているからである．一方，改正郵政民営化法では，「政府は郵政事業のユニバーサル・サービスの責務の履行の確保が図られるよう，必要な措置を講ずる」こととなっている．

　現在，郵政事業のユニバーサル・サービスについては，日本郵政及び日本郵便の経営努力により提供され，その水準を確保している．しかし，今後の少子高齢化，人口減少等が進んでいく中で，現在のユニバーサル・サービスを確保し，その水準を維持し続けることは困難性が伴うものである．これからも，ユニバーサル・サービスを一体的に提供する郵便局ネットワークを維持することは，国民生活・地域社会にとってますます重要性が増すばかりである．

　現行のユニバーサル・サービスの提供が将来的にも維持されるためには，日本郵政及び日本郵便の収益力の向上等の経営努力が不可欠である．

　我が国の人口の将来的な急激な減少，IT化の進展等により，郵便物数の減少が今後も想定される．日本郵便は，新たな収益源の確立に向けた経営努力等を重ねることが重要である．その中で，郵便料金については，1994年（平成6）以降，2014年（平成26）の消費税引き上げ時まで料金改定をして来なかった．また，2014年（平成26）の消費税引き上げ時も増税分の値上げに留めているため，実質的には，24年以上郵便料金を据え置いており，利益率確保の困難性が高まって来ている．一方，ユニバーサル・サービスの水準を維持している．したがって，コストに見合った郵便料金の改定が必要であると考える．

　また，少子高齢化やAIなどのIT化普及等，郵政事業を取り巻く社会経済環境が大きく変化していくことが予想される．郵政事業のユニバーサル・サービスが確保されるよう，中長期的な視点から必要な方策を検討していくことが不可欠である．国民ニーズの変化に応じたユニバーサル・サービス水準をどうするか，コスト負担をどうするのか，このままの状況であれば現在のユニバーサル・サービス水準を確保できなくなることが予想される．

3．地方創生から見る「ユニバーサル・サービス」の確保

3.1　ユニバーサル・サービスの意味合い

　郵便のユニバーサル・サービスは，現代の郵便制度の骨格を成している．1964年（昭和39）に制定された万国郵便条約は，ユニバーサル・サービスを「全ての利用者が，その質を重視した郵便の役務を，加盟国の領域の全ての地点において，恒久的，かつ合理的な価格の下で受け付けることができるような普遍的な郵便業務の提供を受ける権利を享有することを確保する」（第3条）と定義している．そして加盟国の責務として「自国民のニーズ及び国内事情を考慮して，関係する郵便業務の範囲を定めるとともに，その質を重視し，及び合理的な価格を設定することについて条件を定める」ことを求めている．一般的に，ユニバーサル・サービスは，①地理的ユニバーサル・サービス（全国どの地域でもサービスを受けられること），②経済的ユニバーサル・サービス（誰もが利用可能な料金でサービスを受けられること），③社会的ユニバーサル・サービス（全ての人が差別なくサービスが受けられること），④技術的ユニバーサル・サービス（一定の品質をもったサービスを受けられること），の4要素から成り立っていると理解されている．

　これらについての利用者の権利を保障するため，各国の規制当局は具体的なユニバーサル・サービス基準を定め，自国の郵便事業者に対してその提供義務（ユニバーサル・サービス義務）を課している．しかし，ユニバーサル・サービスに係わる費用を，誰が，どのような方法で負担するかという大きな問題がある．郵便事業の独占が制度的に維持されているうちは，内部相互補助によってユニバーサル・サービスコストを上回る一定収益を確保することは比較的容易だったが，郵便市場における競争政策の導入・拡大は，それまでの郵便事業体の財政収支を悪化させ，ユニバーサル・サービス義務のための財政基盤を損なうことになっている．

　以前は，ユニバーサル・サービス義務のための財政的措置については，郵便事業体に対する独占権付与が最も伝統的な方策であった．しかし，1990年（平成2）代以降，世界の郵便事業は，①技術的による他の通信メディアの発達，②民間宅配事業者の郵便物流への進出，③伝統的郵便事業体の非効率性の顕在化，④グローバル市場の発展，などの影響を受け，郵便市場の自由化と郵便事

業体の経営改革（民営化）がほぼ同時並行的に進められることとなった．とりわけ，郵便自由化は独占領域の縮小あるいは廃止をもたらし，伝統的な郵便事業体にとってはそれだけ安定的な収入源が失われたことになる．そのことは，必然的にユニバーサル・サービスの供給体制に影響を及ぼし，サービス品質の低下あるいはサービス範囲の縮小などのリスクが高まったことになる．

　日本では2007年（平成19）から実施された郵政民営化を背景としながら，政府内で郵便自由化とユニバーサル・サービスの確保のあり方について議論がなされてきた経緯がある．株式上場がなされたことにより，今後，株主は，より高い配当金とキャピタルゲインを要求してくるものと思われる．その中で，日本郵政グループが提供義務を持つユニバーサル・サービスをどのように位置づけるのか，ユニバーサル・サービスコストをどのように負担するのか，その方向性は極めて重要であり，この議論は急激に行われることになる．

3.2　わが国における郵政事業のユニバーサル・サービス確保方策

　2012年（平成24）の改正郵政民営化法を経て，日本郵政及び日本郵便にユニバーサル・サービス提供の責務が課せられている．これは，信書等を送達する郵便サービス，簡易な貯蓄，送金及び債権債務の決済サービス，簡易に利用できる生命保険のサービスという郵政事業のサービスが国民生活に必要不可欠な公共性の高いサービスとして位置づけされているからである．一方，改正郵政民営化法では，「政府は郵政事業のユニバーサル・サービスの責務の履行の確保が図られるよう，必要な措置を講ずる」こととなっている．

　現在，郵政事業のユニバーサル・サービスについては，日本郵政及び日本郵便の経営努力により提供され，その水準を確保している．しかし，今後の少子高齢化，人口減少等が進んでいく中で，現在のユニバーサル・サービスを確保し，その水準を維持し続けることは困難性が伴うものである．これからも，ユニバーサル・サービスを一体的に提供する郵便局ネットワークを維持することは，国民生活・地域社会にとってますます重要性が増すばかりである．

　現行のユニバーサル・サービスの提供が将来的にも維持されるためには，日本郵政及び日本郵便の収益力の向上等の経営努力が不可欠である．

　わが国の人口の将来的な急激な減少，IT化の進展等により，郵便物数の減少が今後も想定される．日本郵便は，新たな収益源の確立に向けた経営努力等

を重ねることが重要である．その中で，郵便料金については，1994年（平成6）以降，2014年（平成26）の消費税引き上げ時まで料金改定をして来なかった．また，2014年（平成26）の消費税引き上げ時も増税分の値上げに留めているため，実質的には，20年以上郵便料金を据え置いており，利益率確保の困難性が高まって来ている．一方，ユニバーサル・サービスの水準を維持している．したがって，コストに見合った郵便料金の改定が必要であると考える．

　また，少子高齢化やインターネットの普及等，郵政事業を取り巻く社会経済環境が大きく変化していくことが予想される．郵政事業のユニバーサル・サービスが確保されるよう，中長期的な視点から必要な方策を検討していくことも必要である．国民ニーズの変化に応じたユニバーサル・サービス水準をどうするか，コスト負担をどうするのか，継続的に検討していくことが必要である．また，コスト負担のあり方の検討については，国民，利用者を含む関係者にわかりやすくユニバーサル・サービスコストの情報を提供し，将来どのようにしていくか議論し続けて行くことが不可欠である．

　ユニバーサル・サービス確保方策としては下記の検討が必要である．

3.3　ユニバーサル・サービスコストの算定手法の検討

　郵便事業のユニバーサル・サービスコストについては，諸外国においても様々な検討がなされており，統一的な計算方法が確立しているわけではない．したがって，下記の状況を，国民・利用者，郵政事業の利害関係者に対して，広くわかりやすく説明していくことが重要である．

・日本郵政，日本郵便の経営効率・経営努力だけでは負担しきれないユニバーサル・サービス維持のためのコストの分析・検証
・ユニバーサル・サービスの提供維持に影響を与える外部環境変化の要因（今後の少子高齢化の状況，IT社会の進展等）について考慮することも可能なコストの分析・検証
・郵政事業が今後提供し続けていけることができるユニバーサル・サービスコストの水準と，国民・利用者が郵政事業に今後も期待するサービス水準との変化の両方について，議論の噛み合わせを重ねること
・ユニバーサル・サービスコストの算定プロセス及び算定結果の透明性確保のあり方の検討

3.4 郵便事業のユニバーサル・サービスのレベルと郵便料金の設定

郵便事業のユニバーサル・サービスのサービス水準については，①約18万本の郵便ポストの設置と維持，②全ての市町村に1つ以上の郵便局の設置，③全国均一料金でなるべく安い料金，④週6日原則1日1回の配達，⑤差し出し日の翌日から原則3日以内の配達（離島には5日以内，交通手段のない離島においては2週間以内の配達），⑥全国あまねく戸別配達，が確保されている．

郵便料金については，その設定方法は「総括原価主義の原則」の下，認可制となっている第三種郵便物及び第四種郵便物を除き，事前届出制となっている．

今後も国民・利用者の郵便の需要動向を勘案しながら，このサービス水準を維持するのか，より発展させていくのか，郵便水準と表裏一体のものであるため，その水準と料金のあり方について検討し続けることが重要である．

3.5 郵便料金の政策的な観点からの低廉料金サービスに対するコスト負担について

第三種郵便物は一定の条件を満たす「定期刊行物」であり，第四種郵便は「通信教育」のための郵便物，「植物種子等」を内容とする郵便物である．両郵便物とも，ある限定された特定の政策目的で国民の福祉増進に貢献するものとして，低廉料金政策が取られている．諸外国の中には，これらの政策的な低廉料金サービスに係わるコストに対して財政支援を行っている例がみられる．今後，我が国においても，これらのコストに対してどのように対応していくのか，継続的に検討しておくことが重要である．

3.6 郵便局ネットワーク維持に係わるコスト負担について

全国津々浦々全ての市町村に配置された郵便局は，国民・利用者の生活のインフラとなっている．郵便局は，郵便・物流・金融を扱う拠点のみならず，生活支援の拠点，見守りサービスと行政の窓口機関でもあり，国民・利用者にとって最も重要な生活インフラである．また，日本郵政，ゆうちょ銀行，かんぽ生命が株式上場し，今後さらにゆうちょ銀行，かんぽ生命の株式売却が進む中で，金融のユニバーサル・サービスの提供を含む，郵便局ネットワークへの影響が注視されるところでもある．しかし，今後さらに進むことが予想される少子高齢化・人口減少時代の中で，地方における過疎化の問題が露呈してくる．

そのような中で，今後益々，郵便局ネットワークのセーフティネットとしての役割が社会全体として大事になってくる．英国においては，郵便局ネットワークを支えるための補助金が支給されており，フランスにおいては地方税の免税が実施されることによって，郵便局ネットワークの維持に係わる措置が講ぜられている．我が国においても，銀行窓口，保険窓口の機能を含めた郵便局ネットワークの維持に係わるコストをどうするのか，今後継続的に議論することが重要である．

４．現在のユニバーサル・サービス水準を維持させるための政策提言

4.1 「コンセプト郵便局」の創設

　現在の郵政事業におけるユニバーサル・サービスの水準を将来的に維持・発展させるためには，現状の郵政事業を取り巻く政策では不可能になる恐れがある．逆に，ユニバーサル・サービス水準を下げることによって，経営的収支を整える議論が台頭することも予想される．事実，祝日の郵便配達を取り止め週５日配達にして，サービス水準を切り下げる議論が活発化してきている．

　現在のユニバーサル・サービス水準を守り続けるために収益を確保し続けるためには，①新規事業の確保・発展を目指すか，②過疎地域の人口密度の低い郵便局の高度利用・効率化で，その両面を前面に掲げた経営戦略が不可欠である．

　過疎地域に存在する郵便局の高度化・効率化を目指す視点は，その地域の持っている特性を最大限利用することである．その地域の活性化のために貢献する視点である．

　そのためには，過疎地域に存在する郵便局は，地域特性に即した事業展開に収益構造を移行すべきである．郵便局では，郵便，貯金，保険の３つの事業を展開するという視点から脱却し，その地域にマッティングしたビジネスの特化した「コンセプト郵便局」になるべきである．このコンセプト局は，過疎地域にある郵便局の地域特性に合ったビジネス展開を行うという意味において「コンセプト」である．地域地域にある郵便局長は自分自身の郵便局の特性を十分に理解している．その郵便局長に手を挙げていただいて，「コンセプト局」に特化することを提案する．

130

4.2 全国一律サービスの見直し

　地域の様々な課題に地域住民が主体となり，ビジネス手法を用いてその課題解決を図る「コミュニティ・ビジネス」が全国に広がりつつある．利益至上主義のみでなく，やりがいや地域活性化等を目的としたビジネスとして地域創生を実現しなければならない．郵便局は地域密着性と全国ネットワークの2つの特質を併せ持つ上場企業として多様なビジネス機会を創出することが可能である．また，パブリックな面での事業としても信頼性は高く，行政やNPO等との協働を通して地域社会に貢献できるビジネスモデルを構築していくことが重要である．

　また，我が国はICTインフラの基盤整備では世界の最先端を走っているが，住民票等の公的証明書類や電子申請などの電子行政サービスはまだ遅れている面が多々あるのが現実である．電子申請の際に必要となる本人確認などのセキュリティーは整備されつつあり，今後，高齢化や過疎化の政策対応として身近な郵便局が自治体との連携で電子行政サービスの一翼を担える可能性が大きくなってきている．また，全国津々浦々に展開する郵便局ネットワークを通じてワンストップ行政サービスを実現することは国民の利便性からみても有益であると考える．

　近年，郵便局は国営企業から民間企業，そして上場企業へとその法的制度は大きく変わったが，それに伴って事業の自由度は高まりつつある．郵便局で提供可能なサービスの種類や内容や範囲が広がりつつある．一方，自治体の行政サービスも少子高齢化，地方財政の逼迫化により，民間へのアウトソーシングが少しずつであるが可能となり，その担い手は多様化してきている．郵便局も自ら積極的に自治体との連携サービスを追求していくべきである．また，そのための組織体制，インフラ整備の見直しが必要である．

　全国一律サービスを見直し，地域に密着した地域ビジネスに特化した「コンセプト局」を創り，地方活性化の拠点として始動すべきである．地方には，郵便・貯金・簡保の3事業のみでは立ち行かない郵便局が存在し，今後の少子高齢化で一段と増加することが予想される．各郵便局ごとの地域特性に沿って郵便局改革が必要である．

　以下，その視点で特化すべき「コンセプト郵便局」の内容である．

4.3　行政サービスに特化した郵便局

　少子高齢化が進み消滅地方自治体が叫ばれる中，行政サービスの広域化が不可欠な状況になってきている．その広域化する行政サービスの補完ならびに自治体業務効率化のアウトソーシングの受け皿として，郵便局をその中核に据えるべきである．郵便局が自治体の支所・出張所業務の一部もしくは全部を包括的に受託できる仕組みを構築することで，郵便局が地域行政に貢献し，地方創生に貢献できるものと考える．

　これまでも郵便局は，自治体の各種証明書の交付や販売事務等の窓口業務を一部行って来た実績がある．しかし，その内容は限定的であり，様々な課題もあった．そこで，地方創生の視点に立ち，地域にとって有益かつ郵便局で提供できる行政サービスを郵便局2万4000ネットワークで提供できれば，郵便局が地方自治体の役割の一部を担うことで，住民サービスの向上や自治体の効率化に貢献できると考える．その対象に想定できるサービスとしては，①各種証明書，②販売業務（ごみ処理券，商品券等），③交付事務，④住民異動届の受付・引渡し，⑤戸籍の届出の受付・引渡し，⑥国民健康保険関係の業務，⑦介護保険関係の業務，⑧自治体行政等の集落支援事業，⑨地域住民からの行政相談，⑩地方税等の集金業務，⑪買い物代行や配食サービス，などである．

　地域自治体との提携を模索できる可能性がある地域の郵便局は，上記の「行政サービスに特化した郵便局」としてのコンセプト局になることが必要である．

4.4　自治体施設との共同化に特化した郵便局

　郵便局が自治体の支所・出張所などの施設との共同施設化を行うものである．郵便局と自治体施設の両者が相互に補完しつつ地域住民にサービスを提供することにより，地域住民・自治体・郵便局の三者に有益な地域拠点モデルが実現するものと考える．

　少子高齢化に伴う行政の広域化や，財政難を背景に自治体の支所・出張所の統廃合が相次いでいる．支所や郵便局の空スペースを有効活用や合築しての共同施設化は，行政サービスを維持しつつ効率化を図るという意味で有益であり，地方創生としてのメリットは大きいものと考える．

　自治体の支所・出張所などの施設との共同施設化が模索できる可能性がある郵便局は，「自治体施設との共同化に特化した」コンセプト局になることがで

きる.

5. 少子高齢化社会の対応に特化した郵便局

郵便局は，これまでも高齢者宅への安否確認を行う「ひまわりサービス」等の訪問業務を実施してきた実績と経験がある．これまで培ってきた地域からの郵便局の信頼をベースに日本郵政グループ各社が連携することにより，地域社会において新たなサービスの展開が可能であると考える．

日本郵政グループの外務職員の集配・金融ノウハウやサービス網を活用して自治体や社会福祉協議会等と連携することにより，①収納代行サービス（各種公金の集金），②決済代行サービス（公金のクレジット決済の勧奨など），③ロジスティックサービス（買い物代行サービス，配食サービス，高付加価値のひまわりサービス，御用聞きサービス等），が展開できる．

過疎地域にある郵便局は，このコンセプト郵便局になることが望まれる．

5.1 地域活性化ビジネスに特化した郵便局

各地の地域活性化への取り組みの中で，郵便局の持つ「郵便・物流」,「送金・決済」,「物販代行」機能を駆使し，コミュニティ・ビジネス事業者を総合的にサポートすることで，郵便局が地域産業の活性化に貢献できるものと考える．

郵便局による積極的な地域活性化への支援策として，「地域おこし」に取り組む生産者組合や企業，NPO 等を対象に郵便局が持つ上記の3つの機能を総合的に組み合わせた「地域活性化ビジネス」を提供することができる．また，地域活性化を目的としたベンチャーキャピタルの設立や小口融資業務等の直接金融サービスの提供も有益であると考える．

5.2 コンセプト局郵便をバックアップするポータルサイトの創設

地域特性の即したそれぞれのコンセプト郵便局をバックアップするシステムとして，新たなポータルサイトの創設を提案する．

全国約1700の自治体やコミュティビジネス（地域活性化に取り組む企業，生産者，NPO 等）が参加した「ポータルサイト」を構築し，インターネットと

全国24万4000の郵便局窓口ネットワークとを連動させることで，地域をキーとした物流・情報の新たな流れを創ることができ，地域振興を目的とした新たな市場を創ることが可能であると考える．

　このポータルサイトには，①ニュース（地方局のTV・ラジオニュースト，ピックス等の地元ニュース，等），②イベント情報（祭り情報，花見情報，花火情報，スポーツ情報，講演会，コンサート等の各種レジャー情報，等），③地域スポーツ情報（学生やアマチュアスポーツや地域リーグ情報，等），④観光情報（観光名所紹介，ドライブプランの提供，ツアー申込み，観光マップのダウンロード，等），⑤旅行情報（各種ツアーの募集，宿泊予約受付，等），⑥グルメ情報（郷土料理店検索，お取り寄せ，各地のグルメマップのダウンロード，等），⑦特産品情報（各地域の特産品の紹介，お取り寄せ，都道府県のアンテナショップの紹介，等），⑧まちおこし情報（自治体やNPOの活動，コミュニティ・ビジネス事業者の紹介や，人材募集，開発商品の受注，等），⑨ボランティア情報（NPOの活動紹介や，人材募集，等），⑩Uターン・Iターン情報（自治体の受け入れ態勢や空き家情報等の紹介や，問合せの受付，等），⑪お見合い情報（自治体主催等の結婚情報，等），⑫自治体行政情報（各種行政情報の告知，各種提言の募集，職員募集の告知，等），⑬ふるさと納税（寄付金の受付，等），⑭各種証明書交付申請（サイトを利用して，全国の自治体への申請を仲介，等），⑮各種相談予約（年金，医療，福祉等の専門家による相談の予約等），で構成される．

　このサイトは，団塊の世代以上の方々にも安心して利用いただけるような画面構成とし，くわえて観光庁の取り組みとも連携し，海外からのアクセスにも対応できるように多言語による情報提供も実施するものとする．

　すなわち，全ての自治体の商工観光課や観光協会業務の一部を郵便局ネットワークで提供することにより，地域活性化の核の1つに郵便局がなることができると考える．

〈引用・参考文献〉
JP総合研究所（2018）「創業150年を見据えた事業の再構築」『郵政事業の未来構想研究会報告書』
JP総合研究所（2016）「地域と共に歩む郵便局をめざして」『人口減時代に向かう地域社会と郵便局のあり方研究会報告書』

JP総合研究所（2014）「株式上場と金融2社の成長戦略を考える」『株式上場・企業価値向上に向けた金融2社のあり方研究会報告書』

日本郵政株式会社（2018）『有価証券報告書総覧』

竹澤康子（2018）『「日本郵政」上場企業としての未来像』『郵政事業の未来構想研究会報告書』

第4章　地方創生のマーケティング政策

浅野　清彦

1．マーケティング・ディスコミュニケーション

1.1　マーケティング・コミュニケーションの重要性

　地方創生に資するマーケティング論を考えるにあたっても，マーケティングの送り手と受け手の問題は基本となろう．マーケティングは4P（Product 製品政策，Price 価格政策，Place 経路政策，Promotion 販売促進政策）を軸に論じられるが，地方創生のマーケティングを志向する本章にあっても，マーケティング・コミュニケーションを如何に図るかはその難しさもあり，核心的問題となる．消費者志向あるいは顧客志向は言い古された言葉であるが，その達成が果たし得ないからこそ，多年にわたりテキストで問題とされてきたといえる．つまり，マーケティング・コミュニケーションならぬマーケティング・ディスコミュニケーションが常態と化し，この下でどのようにマーケティング諸政策を実践するのかが問題となってきたのである．地方創生を目指して地域でマーケティング政策が展開される場合にも，もちろん根幹的問題となろう．従来，幾度となく大規模なサーベイ調査による消費者ニーズの把握が試みられてきたが，ここから製品開発のアイディアに繋げた例は乏しい．マーケターにニーズを実現する技術が不足しているわけではなく，ニーズ自体が不明なのである．

　消費者調査には，如何にもそれらしいニーズが上がってくる．しかし，この調査結果と一致した成果が生ずることは稀である．消費者調査は消費者のニーズを汲み上げるに至っていないことが一般的である．製品が売れるか否かは調査の結果と相関しない現実がある．売れる理由は調査からはわからないことが多いのである．消費者からの反応は常にほぼ想定外である．狙ったターゲットが外れることは常態であり，調査結果からマーケターが意図したものとは大きく乖離することが多い．

　調査をかけても消費者の方向性は判明せず，マーケティングに関わる人々は暗中模索の状態に陥る．まさにマーケティング・ディスコミュニケーションと

なるが，これを解消する有効な方策があるわけではなく，本質的な問題である．

　マーケティングが対象としている市場の状況を精査し，マーケティング諸政策を展開することが伝統的マーケティングにおいては暗黙の前提とされていたようにみえる．多くのマーケティング担当者が直面している問題とは，従来型のマーケティング思考では対応できない問題である．したがって，従来のマーケティングの前提とされていたことや仮説そのものが再検討される必要がある．マーケティングの考え方や方向性については，多年用いられてきたとはいえ，一定の経験則の集合としての側面も大きく，もとより万古不易の真理というわけではない．成功した製品はその根拠がマーケティング理論から解明される対象と捉えられてきた．当該製品アイディアあるいは製品機能が消費者ニーズを充足し，そのようにならしめた市場を中心とした環境要因についてマーケティング理論による説明が可能であり，成功する必然性を導ける，とされてきたのである．しかし，これらはいわば物語であり，その真偽は定かではない．マーケティング理論による粉飾が可能で，その「客観性」をまとうことができたといえよう．従来のマーケティング理論による説明は必ずしもその因果性を明らかにするものではなかったのである．

1.2　ニーズとシーズ

　あり得ない仮定なのだが消費者ニーズが明確だとすれば，マーケティング組織におけるそれらの優先順位が高くなることは当然である．成功裏に行われたマーケティング，とされる物語では，マーケティング・コミュニケーションが円滑だった結果として，消費者ニーズと企業シーズ（企業が保有する，技術，素材，サービス等）が理想的に結びついたとされる．問題は，消費者ニーズと企業シーズを結びつけられるか否か，ということになろう．従来は，成功という結果からこのマーケティング・コミュニケーションの成就を類推していたことになる．逆にもし，このマーケティング・コミュニケーションを措定できれば，成功の確率は飛躍的に高まることになろう．

　消費者ニーズを調査し，その解釈を行う．これが的確にできればよいのだが，現実には難しい．消費者ニーズが明らかになったとして，その標的要素を選択する．そのうえで，消費者ニーズと企業シーズを結びつける．この結果を用いて製品コンセプトを形成することになる．このような論理的な製品コンセプト

形成ができれば，まさにマーケティング理論に沿ったものとなるのだし，テキスト的にはこのような新製品開発の段階が述べられている．製品コンセプトが出来上がったのちには，技術シーズに対応する資源の配分がなされ，試作品の作成，テスト・マーケティング等のマーケティング実践が遂行されることになる．まさに従来型マーケティングのテキスト記述そのものではあるが，製品政策では理想とされてきた．しかし，あくまで理想であり，このように進行したと事後的に物語として語られるにすぎない．実態とはまったく乖離している．

　現実には，消費者ニーズは不明確であり，これを企業シーズに結びつけることは至難である．成功した製品のマーケティング・プロセスは合理性と必然性に裏打ちされたものとして語られることがほとんどである．しかしそこに合理性と必然性は乏しく，整合性あるマーケティング・プロセスが展開されたわけではない．あくまで物語として事後的に作成されたものだからである．混沌としたマーケティング・プロセスを辿ることが常態であるといってよい．企業シーズと最終的な製品コンセプトとは乖離していることのほうが普通であろう．事後的に妥当と思える製品コンセプトであっても多様な調整の結果であることが多い．

　したがって，合理的な製品開発プロセス・モデルはあくまでも物語であり，マーケティング・プロセスの実態とは異なるのである．製品コンセプトがマーケティング・プロセスから導き出されているわけではない．結果からみると明らかな選択であったようにみえても，当該製品コンセプトが低い順位に位置していたものだったり，製品コンセプト自体が不明確なものだったりしていることが多い．

　マーケティング・プロセスの進行過程においては，消費者ニーズに主導されるものと，企業シーズに主導されるものがある．消費者ニーズ主導型は，消費者ニーズが明確であり，これを充足するような製品政策が実施される．これに対して，企業シーズ主導型は，R&D等により開発された企業シーズが存在し，このシーズに合致するような市場を探索することになる．マーケティングでよくいわれる成功物語は，消費者ニーズ主導型である．しかし既述のように，消費者ニーズが不明確な中では，この物語はほとんどお伽噺である．実際は企業シーズ主導型であっても消費者ニーズ主導型のように語られることが多い．

　ただ，消費者ニーズ主導型か，企業シーズ主導型かを区別することにあまり

こだわるべきではない．マーケティング・コミュニケーションがニーズとシーズの間で生ずる以上，いずれかに偏ることはあっても，最終的には両者が合致しなければ，マーケティング政策が結実することにはならないからである．当該製品の環境によっては，いずれかに偏る多様なケースが存在することが想定できる．

　ここで重要なのは，ニーズとシーズとを結びつける段階である．これは単にニーズを製品政策に反映させるような単純なプロセスではない．シーズとニーズが対話するプロセスということになる．本来のマーケティング・コミュニケーションとは，シーズとニーズがコミュニケートしながら解決策としての製品を追求することである．擦り合わせが相互の変容をもたらし止揚が生じる，と捉えられるかもしれない．

　マーケティング物語の成功譚では，シーズとニーズがあたかも必然的に結合したかのように語られることが多い．そこでは論理性が強調され，マーケティング・プロセス展開の必然性が論理的に説明される．そこには事例研究の対象となるようなマーケティング物語の構成・整除がなされるのである．しかし，マーケティングが成就し製品に結実するプロセスはそのような理路整然たるものではなく，混沌とした無秩序から生じることが多く，必然ではなく偶然から形成されるのではないか．多数のシーズ群と多数のニーズ群がマーケティング・コミュニケーションの中で偶然に突合し融合した結果，製品化がもたらされる，と考えるのが自然であろう．

　マーケティングのテキスト等に散見されるのは，ニーズとシーズの間にはあたかも論理的な因果関係があり，その結合は必然的であったように示される．ニーズとシーズの結びつきが必ずしも必然的でないのだとすれば，そのような説明はマーケティングの実態から乖離しているかもしれない．製品政策が成功した場合には，消費者ニーズに合致した根拠が合理的に説明されるのである．犬田　充教授によってかつて述べられた「消費者欲望論」が，いわば自明のこととして前提とされる．明らかなニーズを目標としてシーズが形成された，というのである．しかしこれは事後的に主張される物語に他ならないのではないか．もとよりこのような物語が妥当な事例もあろう．ただ，この物語から，ニーズに合わせた製品開発，という百年一日の如く語られてきたマーケティングの命題を補強する根拠を導くとすれば，マーケティング政策を大きく誤ること

になろう．ニーズが事前に存在しこれに対応した製品政策の実施，という物語はその多くが事後的に構成されている可能性が大きい．

シーズ，ニーズともに定数ではなく，変数に近いものであろう．ニーズの変動性についてはいうまでもないが，シーズについても変動性は大きい．技術的な内容については，固定的に捉えることが多いが，3M のポストイットに限らず潜在的な可能性が伏在していることも多い．シーズ自体が可塑性を有しており，多様な側面から構成されている．まさに変数であり，ニーズとの対応によって変容するものと考えられる．当該シーズが直面するニーズによって変容し得るのである．環境によってそれに依存するニーズやシーズが異なって現れるのであり，両者のディスコミュニケーションが惹起される．同じ結果をもたらすとしても，そこに至るマーケティング・プロセスを巡って，多様な物語が生じるかもしれない．

戦略論の源泉である軍事戦略においては，攻撃と防御のような二項対立を修正するような動きが出てきている．「二項動態」的に捉えることにより，戦略の本質を把握することになるというのである．シーズとニーズもこのように「二項動態」的に捉えることにより，その実態に迫ることができるとも考えられよう．

マーケティング・コミュニケーションの本質的困難性は，市場でのディスコミュニケーションに胚胎している．ディスコミュニケーションは多層的であり，マーケティング組織内にそもそもディスコミュニケーションが，シーズとニーズのすれ違い，として存在し，これが　市場での消費者とのディスコミュニケーションとして増幅される．消費者は受け手として，個別に相違する環境にしたがって当該製品の意味を変容させる可能性がある．

製品の意味はマーケターが想定する一義的なものに留まらない．製品コンセプト自体がもともと多義的であり，動態的な変容可能性を有している．生産サイドが想定するコンセプトと販売サイドが想定するそれとは当然異なっていよう．市場での消費者が想定するコンセプトはさらに異なることとなろう．主体や環境が変動すれば，製品コンセプトは異なるものとなる．つまり製品コンセプトはマーケターと消費者間のコミュニケーションによって規定されるのである．製品自体は多義的であり，この多義性の中から消費者がどのような製品コンセプトを選択するのかをマーケターが把握することは極めて難しい．市場で

のコミュニケーションといっても，論理的必然性はそこにはなく，偶然性に満ち混沌としたプロセスとならざるを得ない．

　消費者は所与の環境下で，もしくは消費者が独自に生み出す文脈の中で，当該製品コンセプトの新たな意味を見出し得る．還元主義で要素を再構成することにより事態を把握しようとすることには限界があろう．関係性や文脈のような環境要因を重視すべきであろう．関係性や文脈が製品コンセプトを規定し，変容させるからである．製品コンセプトを巡る文脈や環境そのものも製品コンセプトの変容によって影響され変容していく，という相互性がある．

　従来のマーケティング論では，あくまでマーケティングは製品に関するニーズに基づいて実施される，とされてきた．「プロダクト・アウトからマーケット・インへ」という使い古された主張が繰り返されてきた．「売れるものを作る」ことがマーケティングであり，自明の前提とされてきたのである．しかし，ニーズは製品政策の前提とは考え難い．前提とされるニーズはマーケティングの外側にあるのではなく，マーケティングの内側でマーケティング・コミュニケーションの一方の主体として存在するのではないだろうか．

　消費者が自らのニーズを市場で必ずしも明確化し得ない現実がある．ニーズはシーズとの対話の中で変容し，明確化されていくと考えられる．あくまでもマーケティング・コミュニケーションの相互作用の中で動くものであり，マーケティングが実施される前に固定されているものではない．ガソリン車のエンジンから生ずる騒音は問題とされてはこなかったが，EV が主流になれば騒音問題として認知されるかもしれない．騒音に対する関心が惹起されて始めて，それが車の重要属性として意識されるようになろう．消費者にとっての意味は環境や文脈の変化に依拠している．ニーズそのものだけでなく，消費者が潜在的に持つ不満や体験していることを明示することも容易ではない．

　消費者が持っている情報は非常に限定的であり，製品属性について企業側が持っている情報に比べあまりにも乏しい．企業シーズについての情報は一般に僅少である．また，ニーズ自体について消費者が認識している部分も大きいとはいえない．何がしたいのか，何が必要なのか，ということは消費者にとって必ずしも自明ではないのである．

2. 地方創生に関わる小売業のマーケティング政策

2.1 小売業のマーケティング政策の基本的視角

　地方創生について商業が果たす役割は大きい．商業は地域における生産者・製造業者と最終消費者の間に存在する消費者にとって身近な存在である．商業は卸売業あるいは小売業で商品の再販売購入活動を自立的に行っている機関として捉えられる．

　小売商業つまり小売業は最終消費者に販売する商業である．小売という職能については製造企業つまりメーカー自身や，車のディーラーのようにメーカーの流通系列下におかれている小売業が最終消費者に販売することもある．小売という職能そのものはメーカーもしくは卸売業の系列下にある小売業によっても果される．化粧品の場合，メーカー自体によるセールスマンが販売を手掛けることも多い．車の場合には特定メーカーの資本で運営されており，当該メーカー系列下にあってメーカーの意を受けた自動車ディーラーが最終消費者に販売している．もっともディーラーのすべてがメーカー資本によるというわけではなく，地域の地場資本が参画しているケースも散見される．

　小売マーケティングという場合のマーケティングの主体は自社資本の小売業である．メーカー自体や，その傘下にある系列小売業ではなく，自己資本で運営され，リスクを取りつつ小売業独自の判断で自律的にマーケティング政策を打ち出せる小売業ということになる．

　自律性を有する自立した小売業は必ずしも規模の大きいものではない．地方にあっては規模的にはかなり小さいものも見受けられる．

　小売マーケティングの問題は基本的には一般的なマーケティングのそれと重なる．自立した小売業がマーケティングを遂行するための方策を如何に立てるかは，必ずしも規模が大きくない点を除けばメーカーのマーケティング政策と原理的に変わるものではない．

　小売マーケティングがメーカーのマーケティングを小売業に応用したものであると考えれば，実施されるマーケティング政策としては変わらないものとなる．もちろん小売業特有の部分はあり，小売におけるマーケティング・ミックスの構成を独自に考えるものとなる．

マーケティングにおける製品政策は小売業においてはマーチャンダイジング
として捉えられる．小売ミックスの内の製品政策がマーチャンダイジングとな
り，小売業の仕入れ・品揃え政策として機能する．小売業者は，ターゲットと
なる顧客を想定して，製品ラインを選択したうえで，その品揃えを検討する．
ターゲット顧客に合わせた品質の製品を品揃えすることになる．ナショナル・
ブランドつまりメーカー・ブランドとプライベート・ブランドつまり店舗内ブ
ランドとの構成比の問題も大きい．もっとも，地方の小売業については，その
小規模性のゆえ，プライベート・ブランドも大手小売業のそれに依存せざるを
得ないため，選択に当たって一定の制約を受けざるを得ない．

　品揃え形成は小売業の製品政策の基本となる考え方である．小売マーケティ
ングではあらゆる市場に分散して存在するものを地域，標的顧客に合わせて品
揃えする．品揃えは原語ではアソートメントであるが，これは最終消費者にと
って意味のある製品集合を作り出すことを意味する．アソートメントを作り上
げるためには，単に当該製品を並べるだけではなく，ニーズに応じて，スーパ
ーやコンビニで見掛けるように，野菜をカットするとか，魚をおろす等の限定
された加工が行われることが多い．これらは売り場の背後や流通倉庫内で行わ
れるが，流通加工とよばれる簡易な加工である．このような加工も含め，意味
のある組み合わせはほぼ無限といってもよいほど多様である．モノそれ自体は
同一であったとしても，その小売業独自のアソートメントを形成することによ
って，アソートメントによる差別化を図ることになる．

　小売業の価格政策は薄利多売を基本とすることが多い．安価にしなければ売
り上げは伸びないのであるから小売業は基本的に安売り志向とならざるを得な
い．しかし，メーカーにとってこれは何としても避けたい事態である．店頭で
の予想外の値引きは利益を圧迫するからである．値引いた分はリベート等のか
たちで還元することになる．このような事態を避けるために希望小売価格が設
定される．再販売価格の提示は独禁法に抵触するため，強制力のない希望小売
価格の提示となる．繰り返すが，メーカーの希望小売価格は強制ではない．当
該製品を値引きして販売するのか否かは小売業に委ねられている．パナソニッ
クのテレビに付けられた希望小売価格をヨドバシカメラが守るかどうかはパナ
ソニックの統制圏外にある．マーケティングの考え方に即した差別化に基づく
高価格政策ももちろん想定できる．主体的な価格戦略を取り得るのは高価格高

利益の商品を扱う場合であろう．高級品や高級ブランド品をもっぱら取り扱い，利幅を大きくとるという高価格販売政策である．また，現状では，小売業がチャネルの中で優勢を確立しているケースも多い．家電量販店やコンビニにみられるように，価格決定権を小売業が持っており，メーカーがチャネル・メンバーとして持っている発言権が大きく制約されている．

　小売業においてはチャネル政策に依拠するところが大きい．立地政策は商圏を考えるとき，その中心となる意思決定要素となるからである．小売業の場所に関わる政策の中心であり，小売業が立地産業である，という言葉はまさにこのことを示している．小売店舗がどこに立地するのかという意思決定が，小売マーケティング全体を大きく左右することになる．

　商圏は立地に関して第一に検討されるべきものである．顧客を当該小売店舗に誘客可能な地理的範囲が商圏ということになる．小売に限らず商圏の設定は重要である．テーマパークなどでも同様の考え方となろう．東京ディズニーランドは三菱地所によって誘致され，御殿場に設置される予定となっていた．紆余曲折があり，三井不動産が競馬場の開設を予定していた浦安に立地することになった．これは商圏人口を考慮した米国ディズニーランド本社の意向が背景にあったといわれている．このように商圏の大きさは，立地決定に当たって決定的であるといってよい．もとより商圏人口は潜在顧客に留まるので，実際に誘客できるかどうかは，店舗・施設までの交通手段の充実度や駐車場使用の利便性，店舗・施設の規模などにより大きく左右されることはいうまでもない．

　小売業は基本的に人的販売に依拠している．近年は無人店舗が試行されているが，あくまで試行段階であり，ほとんどが人的販売の形をとっている．スーパーやコンビニにみられるセルフ・サービス方式か一般の店舗および百貨店でとられている対面販売方式である．対面販売方式では丁寧なサービス提供が可能であり，人件費がかかってもこれを吸収できる専門店や百貨店といった店舗でとることができる．このようなコストを負担できないスーパー・コンビニ等ではセルフ・サービス方式となる．

　小売業の広告は限定された範囲が対象とならざるを得ない．あくまで商圏の範囲内ということになる．それ以外を対象としても広告効果は期待できないからである．商圏内の潜在顧客に対する店舗に関する情報提供がその内容となる．このような立地産業的制約から　地方的広告として行われることになるため，

新聞折り込み広告のような形態となる．日本ではさほどではないが，米国では広告に含まれるクーポンは販売促進上，有用であるとされる．

　小売業には以下の2種の区分がある．ひとつは業種であり，売っているもので区別する．もうひとつは業態であり，売り方で区別するものである．業種で分ければ，肉屋，米屋，酒屋等になり，業態で分ければ，スーパーやコンビニ等になる．小売業のマーケティングを考える際に重要なものは業種ではなく業態である．業態は，小売業の歴史的変遷とその特徴を明示している．近代小売マーケティングの展開はこの業態が革新される歴史として捉えられる．

　これを端的に示すものとして「小売りの輪理論」が挙げられる．小売の輪とは，Ｍ・Ｐ・マクネア Malcolm P. McNair が提唱した小売業態展開を説明する仮説である．まず，革新的小売業者が，低コスト・低サービス・低価格をもって既存業態の店舗の顧客を奪うことによって市場シェアを伸ばしていく．当然，同様のやり方で参入する競合他社が登場する．競争が激しくなり，マーチャンダイジング，サービス等での差別化で高付加価・高価格を打ち出す対応となり，店舗も高級化する．そのような状況に低コスト・低価格で新たな小売業態が参入し，顧客を奪うということになる．このように既存業態は次第に高コスト・高価格へと移行し，そこに革新的な低コスト・低価格の新小売業態が登場してこれに交代していくというものである．

2.2　多様な小売業態

　上記の小売の輪が回ったとしても既存業態がすべて駆逐されてしまうわけではない．高コスト・高価格と考えられる百貨店はその小売業に占めるシェアを低下させているとはいえ，いまだ大都市における存在感は大きい．デパートの名称に表象されるように，部門制を持つ大規模店舗によって大きな商圏を有している．百貨店という字義通り，あらゆる商品を品揃えして対面販売を主に行う．現在でもドイツの百貨店にその片鱗がみられるが，歴史的にみれば安売りが行われたこともある．しかし，概ね高級化路線を歩み今日に至っている．地方によっては，地方創生の核と期待されたが，商圏人口の減少という現実が立ちはだかり，地方百貨店の閉店が相次いでいる．百万都市でなければ維持は難しいという見方もある．

　通信販売は人口密度が低く，したがって店舗密度も低い米国において顕著に

発展した．シアーズ・ローバックがその典型である．シアーズ・ローバックは長期にわたって無店舗を貫いてきた．その浩瀚かつ詳細なカタログは全米を席捲したといってよい．このようにカタログや郵便などの通信手段は特に米国において活用されてきた．現在のテレビショッピングやインターネット販売等についてもこの系譜に属するといえる．地方創生にあたる事例の中でも，インターネット販売が活用され，成果を上げているところもある．

　大規模小売業については，チェーン・ストア方式で運営されていることが一般的である．地域にあっても多数店舗で運用されている場合は同様である．単一資本が自ら設置した店舗を運営するというやり方となる．店舗の運営形態には多様なものがあるが，均一価格で商品展開をはかるものがバラエティ・ストアである．5セント，10セント，1ペニー，100円などの均一で提供する価格戦略を行う．また，ボランタリー・チェーンは卸売商が主宰するものである．有力卸売に多くの小売商がその傘下に加盟するチェーンである．卸売ではなく，有力小売商が組織するものがコオペラティブ・チェーンである．多くの独立小売商が参加し，仕入れ等を一本化し，規模の経済を生かそうとする．コンビニ等で身近なフランチャイズ・チェーンは，本部が加盟店に，経営・マーケティング上のノウハウをブランドも含めて提供する．本部の統率の下，巨大なチェーンを運営しているが，近年は本部の強大な権限に対してその妥当性が問われてきている．

　業態革新という場合，小売史上で筆頭に挙げられるのはスーパー・マーケットであろう．日本で流通革命が主張されたとき，その中核とされたのはダイエーをはじめとするスーパー・マーケットの展開であった．仕入れ様式を革新し，セルフ・サービス方式を導入した小売店として既存の小売業態と一線を画したものとして位置づけられている．

　スーパー・マーケット等の大型店を核店舗として各地にショッピング・センターが設けられている．ディベロッパーによって計画的に開発された大規模建築物に小売業の店舗が集っている．ディベロッパーには小売業も参入している．イオンは本業のスーパー・マーケットの不振を開発業者としての利益で補っている．また高島屋は二子玉川の開発でその先駆的な形態を示したが，イオン同様，東神開発というディベロッパーを持っている．

　小売の輪の議論を敷衍すれば，スーパー・マーケットは高コスト化して新業

態が登場することになる．これに相当するものがディスカウント・ストアだということになろう．徹底した低コスト運営を追求し，低価格で訴求することに焦点を絞っている．マーケティング政策のあり方によって店舗の形は相違してくる．倉庫型ディスカウント・ストアはコストのかかる店舗内装飾を取り止め，倉庫の運営様式を，店舗管理を導入することによって低コスト化を図っている．ヨーロッパでは生協が根付いているがこれは会員制をとっている．類似のやり方で会員制ディスカウント・ストアが運営されているが，ここでは生協と同じように会員にのみ低価格で商品提供を行っている．同じく店舗内装飾をせずに営業する小規模なディスカウント・ストアをボックス・ストアという．おそらく誰もが最もよく利用するコンビニエンス・ストアは低価格を訴求しているわけではない．低価格志向のコンビニエンス・ストアも試行されているが，コンビニエンス・ストアとしてはあくまでも傍流であろう．つまり，訴求点は最寄品を24時間営業で提供することにある．もっとも営業時間については2019年12月時点で，短縮の方向での検討が模索されている．業態は，地域によってもそれぞれが組み合わされたり，部分的な変更が行われたりすることによって，多様な業態が出現することになる．地域創生の観点から，当該地域の実態に合わせたマーケティング政策が打ち出され，これに即した業態開発がなされることが望ましい．

　同業態で名称が同じでも必ずしも内容が一致するわけではない．同じスーパー・マーケットであっても日本スーパー・マーケットと米国のスーパー・マーケットは相当に異なっている．日本の総合スーパー，いわゆる GMS は，百貨店で採られている部門制ないし部門別管理，対面販売ではなくセルフ・サービス，チェーン・ストアとしての多店舗展開という複数の政策を統合したものであって，低コスト・低価格のみを訴求しているわけではない．一時期 GMS の百貨店化が進み，商品供給も同質化していたこともあった．1980年代の地方の西武百貨店はスーパー・マーケットである西友とほぼ同じ品揃えだった．これに対し，米国のスーパー・マーケットは準百貨店というわけではない．あくまで低コスト・低価格を訴求する店舗が主流であった．

　業態と小売ミックスの関係については多様な考え方があるが，ここでは小売ミックスを組み合わせた結果を業態としたい．業態は小売業にとって決定的なものであるといえる．小売業が潜在顧客層に対して提供するものは製品である

が，直接提供されるモノやサービス以上に業態が重要であるという指摘もある．まさに「業態戦略」こそが，小売業のマーケティング政策の中核に位置づけられるものだということになろう．同じスーパー・マーケットという業態であっても，セブン・アイとイオンのスーパー・マーケットでは，異なる特徴が打ち出されなければならない．したがって個々の小売企業の戦略は，一般的な業態モデルとは微妙な差異をもつ業態を追求することになる．特に地域による差異は的確に反映されなければ生き残り自体が難しくなるかもしれない．地方創生という観点からは，特に留意が必要であろう。小売マーケティング政策を実施する前提としての業態開発が決定的な重要性を持つことになる．

　小売という行為はもともと行商や市やよろず屋といった極めて零細な形態から始まっている．一般顧客層による最終消費は，いわゆる BtoB とされる産業用消費に比較すると，小規模かつ分散している．したがって小売行動は小規模にならざるを得ず，地域ごとに展開されることになる．投下される資本も小さく，他産業に比べ小売業の専門知識の水準は高くないとされ，生業的に行われるケースも多い．家族労働も一般的であり，米国の「パパママ・ストア」にそれが端的に表れている．特に日本では中小企業が保護されてきた面があり，中小小売商も社会政策の対象とされてきた．つまり，他産業への就業が困難なケースへの対処の一環として中小小売商保護が行われてきた歴史がある．小売業を近代化もしくは産業化していくためには，生業としてではなく，小売企業として再生される必要がある．地方創生における小売業の役割を考えるうえでもこの観点は欠かせない．小売業に限らず，地方企業の生産性や効率は高いとはいえないことが多い．中央の大資本に依存しないかたちで地場企業の再生，発展を図り得るか否かが地方創生の可否に直結するかもしれない．

　小売業の近代化はその大規模化によって始まったとされる．その大規模化を最初に体現した近代的小売業が百貨店である．ヨーロッパで遂行された産業革命により資本主義社会が確立した．第二次および第三次産業の発達により，それを担う労働者は都市へと集中した．ここに近代都市が形成され，多数の労働者が集住するようになり，新たに巨大な消費者層が生み出される．小売業にとって消費の地理的分散性は困難な問題であったが，都市に消費者が集中することにより解消された．このような都市の変貌を背景として，パリ，ロンドン，ニューヨークなどで19世紀半ばに百貨店が登場することになる．部門制による

管理を導入した百貨店は巨艦店舗としてその威容を誇った．従来の小売店とはその規模で一線を画し，当時の先端的な建築物として登場したのである．従来の専門店は固定客のみ対象とすることが多かったが，百貨店は自由流入制を採り，誰もが店舗に出入りすることができた．従来行われてきた掛売を廃し，現金による定価販売を実施した．また，返品を認める等，積極的に新たな技法を採用した．

　ヨーロッパで百貨店が呱々の声を上げたころ，日本でも江戸，京都，大阪等の大都市に大規模店舗がみられた．これを大店という．特に当時の江戸に成立した大呉服店のことを指す．大店は色々な面で，近代的百貨店の前史をなすが，現金定価販売を行っていたことはむしろヨーロッパの百貨店より先行していた．ただ，当時の大店は「一見さんお断り」という顧客対応に留まっており，暖簾で店内はみえないようになっていた．内部は畳敷きであり，担当の店員が顧客に対して個別対応をとっていた．つまり，自由流入制とはかけ離れており，あくまで固定客に対する対応に限定されていたのである．当時を代表する大店の三井呉服店はヨーロッパの百貨店に追随し，三越百貨店として日本における近代小売業の先駆けとなる．1904年には百貨店宣言を行い，三越が嚆矢として欧米流の百貨店を日本に実現していくことになる．この動きに高島屋，大丸等が続き，日本の近代的小売業としての百貨店設立の動きが加速されていく．

　百貨店は近代小売業の象徴的存在としてヨーロッパに登場したが，これ以降の近代的小売業の展開は，スーパー・マーケットのように米国で展開されるようになる．もっともヨーロッパには生協組織のような地域に密着した形態も顕著であり，欧米で小売業近代化の方向が相違したともいえよう．

　国土面積が広く人口密度が相対的に低い米国においては通信販売が発達する．人口稠密なヨーロッパでは店舗密度が十分高かったが，米国ではこれが充足されなかったことが基本的要因であろう．東海岸を中心として都市化された地域を除いては，フロンティアの西進に伴う農村市場が形成され，ここに商品供給を店頭で行うことができなかったためである．

　通信販売はシアーズ・ローバックによって全米に展開されていく．シアーズ・ローバックは大部のカタログによって全米に商品を周知しこれを販売した．多年にわたりカタログによる販売を貫徹し，店舗を設置したのは1980年代になってからである．

小売業近代化にあたって画期となったのは，第一次世界大戦前後の1910〜20年代である．この時期にチェーン・ストアの展開が始まる．現在では当然のことと感じられるが，個店の管理を統合し，単一企業もしくは本部が多数の中小小売店舗を統合することは小売業の大規模化にとって決定的な事態であった．百貨店のような形態での大規模化は店舗の巨大化を意味しており，中小小売業の零細な店舗は当然対象外であった．店舗の巨大化を図ることなく，本部による仕入れの集約と中小小売店舗での分散的な販売が統合されることによって，大規模店舗によることなく規模の経済を実現することになった．このようなチェーン・システムが近代的小売業展開の基盤となっていく．

　小売業のマーケティング政策として地域を問わず一般化しているものとして均一価格店がある．米国ではバラエティ・ストアといわれるが，99セントショップ，日本であれば百均となる．チェーン・ストアの派生した形と考えられ，本部による一括仕入れによる低コスト低価格の実現を図ることは原則通りである．小銭の5セント，10セントで買える商品だけに絞って販売するバラエティ・ストアや，同じく1ペニーの商品だけを販売するペニー・ショップなどもこの業態の一種である．

　特に先進国においては人件費の高騰が経営を圧迫する．不況下の米国でセルフ・サービス方式が創始されたことは必然的であった．対面販売による人件費を削減するためには，これを改めるしかなかった．1920年代以降のスーパー・マーケットの急成長は総体的な低コスト化・低価格化の結果といえるが，セルフ・サービスの導入はこれに大きく寄与しているといってよい．当時の米国において，劇的な低価格の食料品小売店としてスーパー・マーケットは繁栄することになる．スーパー・マーケット成功の影響は大きく，対面販売を行っていた一般のチェーン・ストアへその技法がもたらされたが，特にセルフ・サービス方式は広く取り入れられることとなった．このように米国ではセルフ・サービス方式が標準的技法として小売業態の中で定着していった．日本やヨーロッパにおけるセルフ・サービス方式の定着をみるのは第二次世界大戦後のことになる．

　地方創生の重点が置かれているもののひとつとしてショッピング・センターの設置が挙げられる．中心商店街の衰微に繋がる可能性も指摘されるが，核店舗の誘致を軸として郊外に計画されることが多い．このような計画的な小売店

舗の集積が特に第二次世界大戦後の米国で発展した．1922年にアメリカ合衆国のカンザスシティに設置されたカントリー・クラブ・プラザがその草分けとなる．日本でも，1964年にダイエーが，大阪府豊中市オープンしたダイエー庄内店が，実質的な日本のショッピング・センターの嚆矢とされる．

米国においては，多様なディスカウント・ストアが登場した．中でも「エブリデイ・ロープライス」で知られるウォルマートは急激な成長を遂げた．1990年代にはカタログ販売を主力とするシアーズ・ローバックを抜き去り全米一の売上高を誇るまでになった．米国はもとより　世界最大の小売業として，その売上高はロイヤル・ダッチ・シェルやエクソンのようなスーパー・メジャーをも凌いでいる．しかし同時に，ウォルマートを巡る様々な問題が伝えられている．ウォルマートの低賃金問題はよく指摘されるところである．低価格実現のためコストを限界まで絞るため，賃金についても極端な低さとなっている．従業員の賃金が異常に低いため，ウォルマート進出による地元自治体の福祉予算増加が現実に生じている．これを受けて反ウォルマート運動が生じ，ウォルマート出店禁止の自治体が続出した．

2.3　大規模小売業に対する規制

大規模小売業の登場により，伝統的中小売商との間に様々な軋轢が生じたのは当然であろう．反チェーン運動が米国で1920〜30年代にかけて起こっている．チェーン・ストアがその低コストを低価格に結びつけた安売りが伝統的な小売商にとって脅威であるとして，大規模な反チェーン・ストア運動が全米に展開された．この結果，多くの州でチェーン・ストアに対する特別課税が実施されたが，連邦法としての規制や課税は成立しなかった．また既存の商業秩序を守る意味での反ウォルマート運動も展開されている．地方の中小規模の都市に出店するウォルマートが，パパママ・ストアに象徴される従来の伝統的な米国の商業秩序を破壊するものとして捉えられたためである．

日本においても米国と類似の動きが反百貨店運動として展開された．1920〜30年代に，百貨店の成長が中小小売業の脅威であるとして中小小売業による百貨店に反対する運動が行われた．中小小売業から政治的な働きかけが強く行われ，1937年に百貨店法，戦後のものと区別して第1次百貨店法，が制定される．第1次百貨店法は百貨店の新設・増設が許可制とされ許可が下りなければ出店

ができず，開店時間や営業日数も規制されいずれも短縮されることとなった．第二次世界大戦後の1947年に廃止されるが，戦後復興の中で百貨店店舗の新設・増設が活発化し，これを受けて中小小売業の反対が再度強くなる．規制が新たに行われることになり，1956年に第2次百貨店法が制定されるが，許可制については第1次百貨店法と同様に維持された．

　日本におけるスーパー・マーケットは，チェーンストア・システムとセルフ・サービス方式，そして薄利多売という要素の組み合わせから構成されている．1950年代半ばから始まる高度成長期に急成長を遂げた．1972年に創業から20年に満たないダイエーの売上が，呉服店時代から小売業トップに君臨していた三越の売上を抜いて小売業トップとなるように当時は破竹の成長を遂げていた．流通革命の担い手であるスーパー・マーケットを規制外に置こうとすることが政府の方針であったが，中小小売業の反スーパー・マーケットの動きは激しく，ついに大規模店舗小売法の成立に至った．この大店法では，売り場面積が一定規模，政令指定都市は3000㎡，その他は1500㎡，以上の店舗を「大型店」として規制の対象としていた．大店法規制には売り場面積以外にも様々な規制対象がある．つまり，新設，増設，開店日，開店時間，休業日数について事前審査付き届出が必要となる．この事前審査付き届出制度という申請方法が大型店にとって大きな制約となっていた．百貨店法のように許可制というわけではなく，届出制であるが，届出の受理には事前の審査が必要とされるという制度なので許可制に近いものと考えられる．

　スーパー・マーケットと中小小売業のコンフリクトは継続し，法規制はさらに強化されることになる．1978年改正により，売り場面積500㎡以上を大型店に含める等の法的規制強化とともに，旧通産省の行政指導による出店規制の強化も合わせて行われた．しかし，このような流れは日米構造協議等の米国との協議の中で解消されていく．出店規制緩和が行われ，1992年の改正緩和に続き数次にわたる運用のみ直しが生じた．ついに2000年に大規模小売店立地法が施行されることにより，大店法は廃止される．

2.4　サービスマーケティング

　サービスとは，人間が提供する労働だが，投下された労働がモノとなる生産労働とは異なり，労働それ自体が提供される側にとって有用で意味があり，提

供される側が提供される労働自体を消費する，というものである．具体的には，理髪，家庭教師，介護などの人によって直接提供されるものをいう．

　サービスとはしばしば無料を意味するが，経済学・経営学・マーケティング論でいうサービスはあくまで無形財であって無料を意味するものではない．サービスを提供するためには，巨額の固定資本が必要とされることがよくみられる．千室を超えるような巨大なホテルやディズニーランドに代表されるような巨大テーマパーク，妙心寺のような巨大寺院，教会などに示されている．

　サービスは，サービス業者もしくはサービス企業によって提供される．サービス業はサービスを主なビジネスとして提供している人または組織によって担われている．サービス産業として捉える場合には，サービス業者もしくはサービス企業の集合として考える．いわゆる官庁統計の標準産業分類（大分類）があるが，あくまで目安であり，分類が学問的に確立しているわけではない．

　製造業とサービスは表裏一体の関係にある．たとえば自動車の販売に関しては，購入するための融資サービスや購入後の保険サービスを組み合わされることが多い．また，農産物だけ考えればGDPの1％ほどだったとしても，物流サービス等を含んだアグリビジネスとして把握すれば米国ではGDPの20％にもおよぶ．このように生産分野においてもサービスの構成比が拡大しているのである．その意味では，いかなる事業領域もサービス業が大きな割合を占めている．メーカーとしての化学会社も，その業務にサービスが多く介在している以上，化学サービス会社と呼ぶべきかもしれない．

　サービスは非営利組織においても供給されている．政府，大学，病院，美術館などの非営利組織においてノンプロフィット・マーケティングとしてサービスが提供されている．非営利といっても利益を得ることが否定されるわけではない．利益の分配が制約されるということを意味している．実際には利益を上げて組織を維持できている非営利組織はほとんどなく，多くは助成金等の外部補助が加えられることにより成り立っている．

　マーケティング論では，従来小売等の商業のマーケティングとサービスマーケティングは別のものとされてきた．卸売や小売はあくまでモノの販売に関わる業務となっており，サービスそのものを提供する商業以外のサービス業とは異なる，と捉える．したがって，マーケティング論でのサービスマーケティングとは，小売業のマーケティングではなく，サービスのマーケティング，つま

りサービスを主に取り扱うマーケティングとなる．小売業，卸売業のマーケティングとサービスマーケティングは区別すべきであろう．

3．グローバル・マーケティング政策

3.1　グローバル・マーケティング政策の基本

　地方創生といってもマーケティングの対象は，地域内あるいは国内に留まるものではない．国際化，グローバル化が地方企業のマーケティングにおいても強調されることが多い．企業活動やマーケティングが地理的に拡大し，その国際的，グローバルな展開に焦点があてられている．国際マーケティングとマーケティングは区別し得ないとする考え方や，多国籍企業のマーケティングを意味するなど，捉え方は多様である．

　北米でのトヨタ車販売を三井物産が行うようなことは今では考えられないが，車に限らず，海外での製品の販売を，総合商社などの独立の専門業者に委ねることがよくある．これは間接輸出といわれるが，マーケティング上の問題は大きい．4Pのすべてが自社の統制下にないことを意味するからである．国内とは事情の異なる海外市場でのマーケティング・チャネルの設定，ブランドを含む製品政策の一部が現地企業等に委ねられる．もちろん販売価格すなわち出荷価格の管理についても徹底できない．現地のプロモーション活動も契約先に依存せざるを得なくなる．これに対し直接輸出の場合には企業が直接，輸出活動に関わることになる．トヨタの北米における販売は北米の事業所も含め，自社もしくは系列企業によって担われることになる．

　海外に進出する場合，一般的にはまず国内を本拠とする自社の輸出部門を設立する．次いで進出を考えている現地の企業を輸入代理業者として選定し，自社製品の輸入および販売について独占的もしくは限定的な権限を付与する．現地企業との契約，提携と並行して現地駐在事務所や営業所等を設置する．本社から現地に派遣するスタッフおよび輸出担当駐在員を派遣する．そのうえで現地採用スタッフを配置していく．現地でのビジネスが順調に拡大する場合には，販売子会社を設けることになろう．ビジネスの拡大により，販売子会社独自のマーケティング政策が可能となる．現地での販売促進活動，新たな商業者，卸売業，小売業の選択によるチャネルの設定もできるようになる．もちろん追加

投資が必要となるため，それに比例して現地市場でのリスク負担は増大する．

　現地市場で順調に売り上げが伸びる場合には，現地での自社製品製造を検討することになる．現地での製造により輸送コスト等を削減できるからである．現地の不動産コスト等が低い場合には更なるコスト削減が期待できる．

　現地企業にライセンス供与するという方法もある．現地の企業とライセンス契約を結び，自社製品の製造方法や，ブランド，営業ノウハウ等，契約の範囲内でこれらについての使用権を付与するというものである．進出先市場に受容されている製品については，提携先現地企業にライセンス供与を行うことが考えられる．ブランドや営業ノウハウが確立していれば現地企業にとっても享受できるメリットは大きい．供与企業は追加投資を行わないので，当然新たなリスク負担も限定される．もちろん供与企業にとってのデメリットもある．現地企業が完全にライセンス内容を把握したうえ，独自の R&D（研究開発）によって製品改良の道筋をつける等，供与先現地企業が内製化を完了した場合には，新たな競合企業となる可能性もある．そのような事態の想定も含め，ライセンス供与にあたっては厳格な契約が求められる．

　現地の事業を拡大するためには現地に製造子会社を設立することになろう．しかしすべてを自社出資のかたちで行うことは資本収益率が低下してしまうことから困難である．現地資本優先の観点からも出資比率に政府規制がかかっていることも多い．必然的にジョイント・ベンチャー，つまり合弁事業のかたちで設立されることが多い．

　ジョイント・ベンチャーとは，海外の現地企業や投資会社もしくは政府関連組織などから出資を募り，これらの機関と共同で出資することによって設けられる新しい会社である．企業が独力で製品供給を行うことが可能であれば問題ないが，マーケティングを展開するにあたって経営資源やノウハウなどが不足していることは少なくない．また，海外現地市場の環境が国内市場環境と大きく相違していることも大きい．取り分け，途上国市場には先進国資本の進出にあたっては多様な政府規制の存在が通常である．中国などは現地企業の出資比率が優越する契約となっていなければ，参入自体が認められない．ジョイント・ベンチャーは複数パートナーから構成されるため，必ずしもパートナー間の戦略が一致しないことがある．意思決定主体が併存する以上，パートナー同士の齟齬，対立が現れることはよくあることである．この点を調整できるか否

かが，最終的な成否を決することとなろう．この問題が決定的となり，現地から撤退する企業も多い．

　海外現地に製造工場を設立する場合には現地化が推進される．経営幹部は派遣されるにせよ，現地スタッフの雇用や原材料の現地調達が行われる．この段階になれば国際的な経営活動の展開ということになり，国内市場に専念していた段階に比べ資本投下が大きくなり，それに伴うリスクも拡大する．生産から販売にいたる一連のマーケティング・プロセスについて国境を超えて管理することになる．

　ビジネスが拡大し，国際マーケティングの規模が巨大化すると，関連する部品供給業者や組立工場がグローバルに国境を超えて配置され，企業内での国際分業が促進される．それぞれの国での貿易は，完成品の輸出入という原初的な形ではなく，社内物流がグローバルに展開された結果として，部品や半製品の比重が高くなる．グローバルなサプライチェーンは今や最も基本的なインフラとなっていることが背景にある．グローバル・マーケティングとして把握される基盤もここにある．グローバル・マーケティング政策は，地球をひとつのまとまりとしてマーケティング政策を立てるものである．企業内分業が国境を超えて展開され，原料の調達も，製品の製造も，完成品の販売も，地球的規模でマーケティング政策を行うことになる．

　多国籍企業という場合，2カ国以上の国々に直接投資を行っていることが意味される．直接投資が行われる根拠であるが，これは現地企業の経営を継続するために行われる．具体的にはいくつかの手法が考えられる．まず，現地に子会社や合弁会社を新たに設立してその様式を保有するかたちがある．現地に企業を新設しない場合でも，経営統制を行うために既存の現地企業の株式を取得することはよく行われているし，企業買収等によることもある．現地の事業拡大を目的として営業所，工場等を新設することは直接投資の典型例であり，実物資産の取得が行われる．これに対し，間接投資は実物資産が生み出す利益を直接受け取るわけではない．株式の購入，債権の取得等の投資の見返りとして，利子や配当，投資元本に対する株式の値上がり益を得るために行われるものが間接投資である．

　第二次世界大戦後，米国資本が大量にヨーロッパに投下された．当時これを行った米国企業の多国籍的活動によって，次第に多国籍企業という言葉が一般

的に使用されるようになった．第二次世界大戦の被害が甚大であったヨーロッパに米国資本が投下され復興が促進された面もある．第二次世界大戦後に米国によって開拓された市場はヨーロッパに留まらず，グローバルな展開がみられた．もちろん多国籍企業による海外投資はこれが嚆矢というわけではない．製造企業による海外直接投資は控えめにみても19世紀半ばまで遡ることができる．第二次世界大戦前の海外直接投資は米国ではなくヨーロッパ企業によるものが大半であり，宗主国から植民地への進出が一般的形態であった．既述のように本稿でいう多国籍企業とは，2カ国以上の国々に直接投資を行っている企業，とする．

多国籍企業が活動する際の枠組みについて触れておきたい．まず，IMF・GATTであるが，第二次世界大戦後，世界の経済秩序をもたらし，グローバル化推進に当たって大きな役割を果たしたといってよい．IMF，国際通貨基金は為替相場の安定と経常取引における為替制限の除去を目指していた．障壁を撤廃することにより，交易の拡大を意図するものである．

国際復興開発銀行は加盟国の戦後復興への援助および発展途上国への資金供与を行う機関として設置された．なお，世界銀行は国際復興開発銀行と1960年設立の国際開発協会からなっている．GATTは関税と貿易に関する一般協定であるが，特に鉱工業製品の貿易において，関税以外のあらゆる貿易制限の撤廃と，関税の相互引き下げによる関税障壁の低減を推進してきた．日本の国際化の進展についてもこれらの国際機関が大きく関わっている．1995年には，GATTの事業を引き継いでWTOが発足している．2020年現在，米国をはじめとして保護貿易主義が台頭するにおよび，その在り方が問われている．GATTのもとで，各国は数次にわたる関税交渉を繰り返してきた．最後の交渉となったウルグアイ・ラウンド（1986〜94年）においては，新たに農産物，サービス，知的所有権，投資など広範な問題が，自由化交渉の対象とされた．この後，GATTに代えて，より強力な国際機関としてWTOが設立され，現在に至っている．中国は，1996年にIMF8条国つまり為替取引を制限しない国に移行し，2001年にはWTOに加盟している．中国に限らず，グローバリゼーションは国際機関を基盤として展開されてきた．現時点（2020年）では，米国がWTOの紛争処理機関を設立したことを後悔しており，同機関を改革するいかなる提案についても進める意向がない．

WTO は広範な領域を網羅し，関税問題だけでなく，国内規則や基準までを対象としている．このような WTO の現況に反発して「反 WTO」キャンペーンが行われることもしばしばである．これは，アンチ・グローバリゼーションの運動や議論を行うものである．古代ローマ帝国時代を表すパクス・ロマーナという言葉があるが，これは古代ローマ帝国が押しつけた平和を意味している．このひそみに倣ってパクス・アメリカーナが米国の押しつける平和として論じられることがある．いずれも特定の国家によって国際化が強制されるという内容を意味する．WTO や IMF，世界銀行など，グローバル化を推進していると考えられる国際機関は第二次世界大戦後の米国の覇権下で進行したといえる．これをもってグローバル化はとどのつまり，米国が押しつける世界秩序であるとの批判は根強い．

　巨大多国籍企業の売り上げが一国の GDP をさえ凌駕するような状況下で，一般企業との企業間格差が存在する中での自由競争はその実質をもっているとはいいがたい．国際巨大企業と一般企業の間の競争は大人と赤ん坊の競争のようだともいわれる．貿易の「自由」とは，強者が弱者を支配する「自由」でしかないのではないかといわれる所以である．このような自由貿易批判の系譜は英国の覇権時代つまりパクス・ブリタニカの時代からあり，産業革命を成し遂げた英国が自由貿易を推進したため「自由貿易帝国主義」ともよばれる．近代化の遅れていたドイツ等は自国の幼稚産業をイギリスとの競争から守るために，保護貿易を主張したのも当然といえよう．

　国際化が進行したとしても，日本人，米国人，サウジアラビア人等の嗜好が異なることは明らかであろう．国や民族の相違はもちろん，マクロ環境といわれるもの，つまり，人口動態的環境，経済的環境，政治的・法的環境，技術的環境，自然環境，社会・文化的景観など多様な環境が相違している．このような環境の相違は，必然的に消費者のニーズ・欲求・嗜好の相違をもたらす．そうだとすれば，企業が国際的にマーケティング政策を展開する場合には，それぞれの国や民族に適合するようなマーケティング・ミックスを構築する必要がある．

　現地適合化は，国際マーケティングの伝統的な発想法であるが，制約となるのは現地に適合したマーケティングを展開することによるマーケティング・コストの増加であろう．

国際化の進展はマーケティングの同質化をもたらす．すなわち世界のどこの国でも，同じような製品が，同じようなマーケティング政策によって販売され，消費者に受け入れられるという傾向があるためである．ここにグローバル化の論拠があろう．あたかも全世界がひとつであるかのように，同じ方法で事業を展開し，相対的に低コストで，どこでも同じものを，同じやり方で販売するというものである．マクドナルドの展開はこれに近い．世界中で同じ製品（モノ・サービス）を同じ手法で提供し，特に仕入れの一本化等により，コストの削減を追求するものである．

　チェーン・システムが高度に発達しているといっても，企業がマーケティング・ミックスの全ての要素を世界中で完全に同一にできると考えることには無理がある．文化的な相違を考慮し，マクドナルドやコカ・コーラでさえ地域的な相違を製品政策に反映させている．宗教上の理由などに考慮をし，ビーフが食べられない場合にチキンあるいはマトンを使う等マーケティング・ミックスの部分的な手直しを行うというものである．しかしこれらは例外的で基本的には同じ製品，それが小売業態やサービスであっても，をグローバルに提供し規模の経済をグローバルに追求するものとなっていることが多い．

　もっとも，グローバル・マーケティングは，市場細分化とターゲット・マーケティングの考え方を否定しているわけではない．基本的に同一の製品，小売業態，サービスを含めて，のマーケティングを行う場合であっても，それぞれの国のすべての消費者がターゲットとなるわけではない．マライアキャリーを世界の誰もが聞くわけではないが，マライアキャリーが好きな人は世界中にいるためである．そこで，国際市場細分化戦略が意味を持つ．それぞれの国の消費者の一部をターゲットとしてマーケティング・ミックスを実施するのである．

　多国籍企業の進出による国際マーケティング展開により，これに付随するものとして「文化帝国主義」という見方が生じている．これは，文化現象に即して，否定的な観点からの権力，統治，支配を意味している．第二次世界大戦後に EEC が発足し資本市場が整備されて米国資本が多国籍企業展開のかたちで大量に投下された．これをヨーロッパに対する米国の支配とみる見方が特にヨーロッパの研究者によって指摘されている．近代のヨーロッパによる世界のヨーロッパ以外の地域に対する支配，ウェーバー Max Weber によれば西洋による東洋の支配という見方もある．また，周辺に対する中央の支配，つまりウォ

ーラーステインの世界システム論の捉え方にも妥当性はあろう．より一般的には急速に失われつつある多様な伝統に対する合理主義が貫徹する近代社会の支配という見方もできよう．ただ，これについては，非合理主義の系譜がヨーロッパにおいても脈々と受け継がれている側面もあるので，ヨーロッパ文化の主潮流が合理主義か否かは議論のあるところであろう．ほとんどすべての事物，すべての人間に対して強制される一元的な資本主義の支配をもって「文化帝国主義」とする見方もできよう．

この文化帝国主義とグローバル・マーケティングには密接な関係がある．グローバル・マーケティングは特定の標準的な商品つまりコモディティをグローバル市場に普及させる志向性をもつ．コカ・コーラやマクドナルドは世界を席巻し，トヨタ，ナイキ，リーヴァイス，ハリウッド映画等は世界中で受容されている．これらが受容され続ける限り，世界の消費文化の均質化・同質化が進行してする．「マクドナルディゼーション」，「コカ・コロニゼーション」などの消費文化が既存文化を侵食しつつ定着していく．

以上のようにグローバル・マーケティングがもたらす均質化現象が世界中で進んでいくようにみえる．欧米の製品を媒介とした欧米文化による世界の支配は世界の欧米化を促進する．伝統的でローカルな消費文化が急速に排除され，グローバル・マーケティングがもたらす近代消費文化の支配が現出する．あらゆる消費物資やサービスを商品化する資本主義，市場経済，マーケティングの支配が実体化するのである．地域でのよろずやや家族経営の食堂がコンビニや大手チェーンのファミレスに転換していくのもこのような流れの一環といえる．

企業活動の配置問題もグローバル・マーケティングの大きな要素である．企業活動をある特定の国や地域に集中するというケースから，企業活動を各国・各地域に分散して配置するケースまでの可能性の中から選択する意思決定を行う．現地での企業活動をどの水準で統制するかという問題もある．グローバルに配置された企業活動を完全にシステムとして統制するというケースから，現地に展開されたブランチの自主性に任せるという現地化を高度化する形態もある．以上のような配置と調整が組合されることになる．すなわち，特定国一国に集中するか多国多地域に分散配置するのか，高度に全体をシステム化するか現地の自主性を尊重するか，という二項目の組合せとなる．一般的には，グローバル・マーケティングの推進過程で，高度なシステム化による多国多地域に

分散した体制がとられることが多い.

　このようなシステム化に当たって，グローバル・サプライチェーン・マネジメントがグローバル・マーケティングの実施基盤となる．多国間にわたる国際的な原料の調達を行い，多国間にわたる製造・組立がなされる．この製品を国際的な複合輸送に委ね，多くの国における卸売・小売流通経路にのせていく．このような一連の活動が行われ，全体がシステム化され統合的管理が実施される．国際マーケティング競争は，グローバルなサプライチェーン間の競争としてなされることがほとんどである.

　この国際的な活動はロジスティクスとして把握される．もともとは軍事上のタームであり，後方から前線へ，食料，弾薬，燃料等の物資を遅滞なく補給することを意味する．兵站といわれるものである．現代の企業活動においては，後方における原材料の調達から前線となる最終消費者へと継続する流通経路を示している．企業活動に即してもう少し細かくいうと，物流とはメーカーから小売業へ流れる製品の移転していく過程である．この物流のうち，原料調達のための物流を調達物流とよび，製造過程における物流を社内物流という．国際マーケティングで行われるロジスティクスは，調達物流と社内物流を組み合わせることにより，製品の物流を統合的に管理しようとするものである.

　サプライチェーンがグローバルに構成される場合，組織は，直接投資による海外子会社の設立に留まらない．多くの活動が，積極的・戦略的にアウトソーシングつまり外部委託される．世界の多くの企業間で，国際的な委託・下請け関係，共同関係が築かれていく．こうした諸関係がグローバルに形成されるのである．したがって多国籍企業にとっては，自社で行う機能，通常はコア・コンピタンス関連業務となろうが，これだけを残すことになる．その他のどの業務をアウトソーシングするかという機能の選択についての戦略的決定が重要になってくる.

　アウトソーシングを含め，国際的にサプライチェーンが組まれる場合に，ロジスティクス・パイプラインという捉え方がみられる．これは製品が移動する状況を石油がパイプラインで送られることに重ねている．リーンシステムとして捉えると，この物流パイプライン内での在庫を最小化し，効率的な運用を追求することになる．発注から納品までの時間であるリード・タイムを短縮し，サプライチェーン全体の高速化を進めようとする．ICTの高度化が並行して進

められる必要がある.

多様な地域・社会における文化的多様性を前提とし,これに対応するマーケティングをどのような形にしていくかは,大きな問題である.グローバル・マーケティングは単一のマーケティングで標準化志向が強い.これに対し,国際マーケティングは現地に合わせた個別のマーケティングの展開が志向される.グローバル化が進展する中でも多様性を考える必要があり,調整していくことになる.一般的に,コストを重視する場合にはグローバル・マーケティング志向となり,売上を追求する場合には国際マーケティング志向となる.

異文化マーケティングを実施する際に製品政策が問題となることが多い.製品は国内市場向けの仕様になっていることがほとんどである.これを,国際マーケティングにより海外の市場に持ち込むことになる.もちろん自国仕様のままでは受容されないため,製品属性の修正が欠かせない.

製品属性を現地の市場環境に適合させるような製品政策が展開される.よくいわれるものとしては,インドのマクドナルドでは定番のビーフでなくマトンやチキンを使用している.またベジタリアン向けの製品には肉を使用しない.ホンダの「アコード」はシャーシを北米向け,欧州向け,日本国内向け,の三種を用意している.いずれも市場環境の相違を乗り越えようとする試みである.現地に合わせ,マーケティング政策が複数化するためコスト増大は避けられない.

国際市場に出される製品は,想定顧客イメージによっても大きく影響される.出身国効果といわれるものがあるが,これは製品そのものの属性ではなく,当該製品の生産国もしくは地域についてのイメージあるいは印象の下に認知される.かつてのドイツ製品,日本製品にも悪しきイメージがあったが,途上国の製品は先進国製品に比べ性能が劣っているとみられるかもしれない.逆に先進国のイメージに合わないもの,たとえばディスカウンターに対して否定的な感情が醸成されることもある.

多くの国・地域にはそれぞれの「中華思想」があることが多く,自国製品を中心に考える傾向が強いことは否めない.外国製品はそもそも不必要だとし,自国製品のほうが好まれる傾向が認められることが多い.

価格戦略も現地の購買行動によって大きく影響を受ける.日本では「百均」で100円が用いられるが,米国では99セントショップが定着している.廉価の

均一価格について日本と米国ではこのような相違が明確である．同様に，端数価格政策がさほど効果を持たない国，威光価格政策が効きやすい国と効きにくい国などが存在する．商慣習の相違から価格を値切ることが常態となっている国もある．クーポンをメリットと感じる消費者が多い国と，クーポンを付されること自体が低価値を意味すると捉える消費者が多い国もある．

このように流通機構や商慣行が国によって異なるので，共通のチャネル政策がとりにくいという状況が一般的である．途上地域で流通経路が未確立の場合には，属人的なコネクションに依存してチャネル構築を図る場合もある．また，進出企業が定めた公式チャネル以外に，並行輸入業者が供給する非公式流通経路も散見される．

国際マーケティングが拡大すれば，現地に適合する異文化マーケティングが展開されることが必要となる．もちろんマーケティング・コストとの兼ね合いにより，適合水準は調整されることになろうが，「文化」というタームに何を読み込むかという判断は難しい．ウェーバーの「オリエント」，サイードの「オリエンタリズム」などの考え方をマーケティングの観点から再検討する必要があろう．

途上国における国際マーケティングの展開上切り離せないものが「開発」の問題である．第二次世界大戦後，植民地であった途上地域が独立を果たしていく過程で新たな国際問題として開発問題が浮上する．植民地はもともと途上地域であったため，独立後も経済水準は低く，低所得状態にあることが多い．旧宗主国に対する植民地という支配・服従の関係という歴史的経緯を前提として，旧宗主国である先進国が旧植民地である途上国への経済援助を行い，途上国の経済水準を向上させることが企図されたが，このことが新たな問題を惹起している．現実はウォーラーステインの「世界システム論」が示唆しているような状況かもしれない．

このような状況を打開するため，バンドン会議が1955年，インドネシアのバンドンで開催された．アジアアフリカ会議の名称で，民族主義，反植民地主義，等を掲げている．当時の途上国が置かれた困難な状況を反映したものとなっている．基本的人権および国連憲章に基づき，先進国が途上国へ多様な側面での協力を求めるものとなっている．国連は数次にわたる「国連開発の10年」を設定しており，国連開発計画を中心に途上国援助をかたちにしたといえる．

経済成長を考えるうえで，『経済成長を段階』としてとらえられてきた．ま
ず，プレ工業社会を意味する伝統社会，経済的離陸への先行期，経済的離陸期，
経済的成熟期，そして経済的離陸後の高度大衆消費社会を最後に位置付けとい
うものが一般的である．ポイントになるのは離陸期である．この段階では，飛
行機が離陸するかのように，経済が伝統的状態から離陸し，本格的な経済成長
の軌道へと入る段階を示している．この離陸を促す先行条件として道路，ダム，
港湾施設等の社会資本つまりインフラ整備がなされる．社会資本とは，特定の
私人や私企業にではなく，公共的に広く便益を供与し，経済全体の基盤となる
ものとして想定される．国連や世界銀行などが支援の対象としている．
　途上国における開発はかならずしも理想的に達成されるわけではない．よく
みられるのは開発独裁というかたちである．韓国の経済成長などはこの典型と
いわれるが，少数の特権階級つまり韓国の場合は財閥に富と権力が集中し，多
くの国民が社会的弱者として取り残される．ジニ係数の高い格差構造が定着す
ることになる．また，経済成長促進プロジェクトの多くが欧米で設計されてい
る．途上国国民に根差したものではないため，現地の実態と整合しないケース
も多かった．このため，開発理念の再検討の必要性が意識されるようになった．
　経済開発にはマーケティングが大きく関わる以上，マーケティングと開発と
いう問題が意識され，経済開発におけるマーケティングの役割が再検討されな
ければならない．マーケティングが開発に対して能動的な役割を果たしていく
ような方向性が打ち出されるべきであろう．国際マーケティング政策には，個
別企業の利害を超えたソーシャル・マーケティングの側面が備えられることが
必要であろう．

3.2　環境問題への対応

　グローバル・マーケティングの展開により，多様な問題があきらかとなって
きている．マーケターを伝統的な観点から製造企業に属するとすれば関与する
大きな要素は，環境問題，低所得国市場への進出，サプライチェーンを構成す
る商業者（卸売業および小売業）との関係，等が主なものといえよう．これら
の問題については，従来個別の対応に委ねられてきた．しかし，これらは相互
に関連しており，包括的な対策が必要である．これら問題群の相互連関の動
態が明らかにされ，これに対応するマーケティングが構築されたときに，グロ

ーバル・マーケティング体系化の可能性がもたらされよう．

　後でみるようにマクロ・マーケティングの視角からも取り上げるが，環境問題への対応は，グローバル・マーケティングを考えるうえで重要問題であるといえる．中でも地球温暖化の進行を緩和することは，2020年時点で喫緊の課題となっている．この問題は 経済活動の反映であり，特に発展途上地域の経済成長に大きく関係していることが解決の難しさを象徴している．中国等を含め，低所得に留まる発展途上地域では，経済成長を図ることが国策であり，一義的に追求される対象となっている．コストカットを代表とする厳格な利益管理が施される．必然的に環境機器等への投資が必要となる環境問題への対処は等閑視されざるを得ない．

　これは現在の発展途上国に限らず，欧米等の先進国がかつて歩んできた経路上の一般的状況であるといえる．近年，ドイツで緑の党がその勢力を拡大しているように，先進国では環境保全があらゆる経済活動の大前提とされる．すでに短期的な利益管理の対象からは外れているのである．特にヨーロッパにおいては環境保全にかかるコストは甘受すべきものとなっている．

　しかし，このような状況はあくまで現時点での先進国の対応である．もちろん先進国の中でも合衆国政府のように温暖化問題を軽視ないし無視する傾向もある．歴史的には先進国においても産業化の過程で環境破壊を繰り返しており，現在先進国と同様な経済成長過程にある発展途上地域・国からはすでに当該段階をすぎた先進地域による規制要求は当を失しているとの批判も根強い．

　個別地域の事情はあるにせよ，北極海や南極大陸から氷が消失してきていることは厳然たる事実である．地球温暖化の進行は台風の巨大化をはじめ，多様な異常気象の発現をきたしている．環境問題は先進国，発展途上国を問わず発生するが，異常気象による被害は発展途上地域において顕著である．インフラの未整備が被害に拍車をかけていると考えられる．

　上述したように，発展途上国では経済成長に伴う環境破壊と地球環境問題が並走している．このため一般に先進国に比べて打撃が大きくなる傾向がある．

　また，先進国においては規制が厳しいために生産できないようなものも，規制の少ない発展途上地域で生産されることがある．まさに「公害の輸出」が行われている．ここにみられるのは，典型的な南北問題であり，ウォーラーステイン Immanuel Wallerstein（ウォーラーステイン（1981）I. pp17-19）が世界

システム論で論じたような中心——周縁関係が再生産されているともいえよう．一国の経済力をも凌駕するような巨大企業によるグローバル・マーケティング活動により発展途上国において環境破壊が促進される状況がみられる．つまり発展途上国における環境問題は先進国にみられるそれとは異なり，より複雑で深刻なものとなっている．

　グローバル・マーケティングの推進主体たる企業はあくまで私的利益を追求している．企業の社会的責任が論じられて久しいが，主軸は私的利益の追求である．しかしその活動は巨大化しており，社会的な活動への要請が生じることは必然である．もとより企業は国や地域，社会のために活動しているというわけではない．私的利益の追求の結果として，雇用創出を果たし，法人税を納めるのである．発展途上地域への技術移転も想定されよう．もちろんそこに社会性がないわけではない．

　しかし，当然負の側面も指摘できる．巨大企業の圧倒的な力が現地の産業・企業を衰退させることは，当該国の政策にもよるが，しばしば散見されるところである．一次産品供給地域の性格を根本的に変え，地域の相貌を一変させることもある．かつてのオランダ東インド会社が強制栽培の実施によってジャワ島等の状況を，現地住民にとっては災厄でしかないものへと変貌させたことは，決してすぎ去った過去のこととはいえない．現地の社会構造を激変させ，先進地域では規制されている環境破壊をもたらすことが生じることも珍しいことではないのである．

　このように先進国企業の発展途上地域への進出は毀誉褒貶相半ばするところではあるが，資本不足に悩む発展途上地域・国は受け入れに動かざるを得ない．企業誘致は途上国にとって必要不可欠なことなのである．これは途上国にとって両刃の剣であって，上述のデメリットも付随してくる可能性が大きい．

　このデメリットについて，進出企業はソーシャル・マーケティング政策を打ち出すことにより対応をはかる必要がある．いわゆる公害対策はもちろんであるが，地球温暖化のような大きな問題に対しても可能な限り十分な対策が求められよう．ここに大きなコストが生じることが問題となる．もともと企業は先進国の規制による多様なコスト負担を回避するために発展途上地域に進出してきた経緯があることが一般的である．当該コストの負担の程度によっては進出そのものの可否が問われるかもしれない．

サスティナビリティが人口に膾炙するようになって久しいが，地球上のどこであれ，地域および地球の環境保全は持続可能な発展のための大前提になっているといってよい．企業，地域，国家の全ての水準で環境保全は必須事項となっている．

　製造業は環境保全に直接関わることから，多面的な対策が必要である．発展途上地域への直接投資は，賃金コストやプラントの設置・稼働コストの削減が目的とされていることは当然であるが，上述したように先進国に比べ法規制，政府規制が緩くなっている点にインセンティブがあることは否めない．そうだとすれば，特定有害物質不使用や，工場廃棄物の先進国並みの削減について，自主的な規制，チェックの必要がある．

　工業立地がどこになるかを問わず，更なる省エネ化の推進，燃費効率の向上，燃料電池の開発促進，自然エネルギー促進等のより積極的な対応が求められる．しかし，ここに根本的問題が指摘されよう．グローバル・マーケティングがそのソーシャル・マーケティング的側面を推進すること自体は，あるべき方向といってよい．環境保全それ自体はすべてに優先して遵守されるべきことであろう．そうだとすれば利益管理とソーシャル・マーケティングの側面が衝突することになる．そもそも発展途上地域に進出する根拠はコスト圧縮にあった．しかるに，環境保全への対応は当面のコスト増加を招来することとなる．検討の結果，利益管理の観点から進出は困難ということもあり得よう．

　グローバル・マーケティング政策に要請されるものはより積極的な環境保全対応の政策である．

４．ソーシャル・マーケティング政策

4.1　ソーシャル・マーケティング政策の基本

　ソーシャル・マーケティングには２方向があり，ひとつは企業の社会的責任論をマーケティングにおいて論ずることであるが，もうひとつは，ノンプロフィット・マーケティング，つまり非営利組織のマーケティングである．これはマーケティング技法の非営利組織への導入を意味し，コトラー Philip Kotler らのマーケティング概念拡張論争の中で取り上げられたものである．すでに，マーケティングの一領域として確立している．

非営利組織とは，利益を上げていくことを目的とせず，公益を目的とする活動を担う民間組織とされる．いわゆる NPO が狭義の非営利組織となる．ノンプロフィット・マーケティング論が規定する非営利組織はより広範なもので，大学・病院等を含む民間非営利組織である NPO はもちろん，これ以外に国家，地方自治体，軍隊，教会などおよそ営利組織ではないものすべてを含んでいる．これが最広義の非営利組織の捉え方となる．

　大学を含む広義の非営利組織のすべてがマーケティングの体系的導入を図っているわけではない．もとより，非営利組織が本格的にマーケティングを導入すべきであるかどうか，ということと非営利組織がマーケティングを実践しているかどうか，は別のことである．非営利組織が，体系的なやり方で導入しているかどうかは別として，すでに個別マーケティング技法についてはその導入を図っている非営利組織は多い．

　個別に大学に導入されていると考えられるマーケティング技法はかなりある．大学にとって入学志望者は潜在顧客であるが，この受験生の動向の探索はマーケティング・リサーチに該当しよう．カリキュラム，授業科目の設定等は製品政策ともなろう．授業料の決定は価格政策そのものといえる．講義などの場所と時間を設定することはチャネル政策に相当し，学科パンフや入試案内などの配布については販売促進政策として捉えられよう．

　従来から今まで個別的に行われてきたマーケティング活動を，体系的，計画的，戦略的なものに変えることによって，マーケティング政策として非営利組織に定着させることが試行されている．非営利組織にマーケティングが導入されるのは，現況の維持が困難になったことが主な理由であることが多い．非営利組織の置かれている市場環境に変化が生じ，従来の業務運営が難しくなることがままある．非営利組織がその維持に必要とする利用者や会員が大幅に減少してしまうか，その傾向にある場合，これを留めなくてはならない．また，資金や運営に必要な経営資源が失われることもある．国あるいは地方公共団体の補助金打ち切りなどがこれに該当しよう．非営利組織に限らず，競合により新たな競争相手が現れれば，それによる業務量の減少に追い込まれる場合があり，深刻な場合には存続の危機にまで至ることもあろう．ここで必然的にマーケティングの本格導入が検討されることになる．

　マーケティングは，もともと営利組織から生じた経営技法である．市場の相

対的狭隘化から自社の利益，売上，シェア等を維持・拡大するために用いられてきた．しかし，非営利組織には，本来，営利とは異なる「非営利」の目的がある．これはいわば根本的問題といえるが，営利組織におけるマーケティング管理はその裏面にある利益管理と一体の関係にある．つまり，マーケティング成果は管理会計による利益管理によって測定されることになる．しかし利益を評価尺度とするならば，非営利組織本来の目標達成を阻害する可能性が出てくる．

　非営利組織へのマーケティング導入は，単なるマーケティング技法の導入だけではなく，非営利組織に消費者志向と利益志向を内容とするマーケティング・コンセプトを導入することになる．マーケティングの管理と政策を導入し，非営利組織の存続と発展をはかることを志向するのであるが，ソーシャル・マーケティングとしてマーケティングとは別概念であることを意識しなければ，営利組織のマーケティングに限りなく近似するリスクは否めない．

　非営利組織内には反マーケティング感情が充満していることが一般的であり，導入に際してはこれを克服する必要がある．つまり予め組織内構成員に対してマーケティングを導入するためのいわば社内営業が求められる．非営利組織に対するマーケティングの導入期段階においては，マーケティング監査が行われる．

　マーケティング監査とは，営利，非営利を問わず，組織のマーケティング環境やその戦略，活動について，多様な観点から検討を加えるものである．営利組織である場合には，利益管理と並行してマーケティング管理の一手段となる．会計監査と同様にマーケティング監査にも外部監査と内部監査がある．外部監査は会計監査が監査法人に依頼するとの同様，外部のコンサルティング会社等に委嘱して行う．これに対し，内部監査は当該任務のために召集された社内の特定グループやトップ・マネジメントによって行われる．担当するメンバーは各部署や構成員の代表者からなり，大学であれば，担当理事，担当副学長，関連部長，部内管理職などから構成される．

　非営利組織がマーケティングを実践するためには，マーケティング委員会を立ち上げることになる．その職能は，非営利組織が直面しているマーケティング問題を絞り込み，そのマーケティング機会を確定する．次に，マーケティングの専門的な援助に対する各部門の責任者の認識を評価する．さらに，マーケ

ティング職能を担う公式な職位を設定すべきか否かを検討する．

　マーケティング・プロジェクトの検討内容については，利益管理に属するものが多くなる．マーケティング導入により，多くの収入をもたらすか，あるいは多くの費用を削減できるか．マーケティング諸政策を運用していく場合のコスト負担の程度はどうか．さらに，どのくらいの期間をかけるのか，成果評価の方法等も検討対象となる．

　マーケティング導入の原則としては，マーケティング戦略にかなうマーケティング組織が編成され，その組織についてマーケティング管理，マーケティング・マネジメントあるいはマネジリアル・マーケティングともよばれるが，を行うことになる．これは経営学の体系が，経営戦略に基づき経営組織が編成され，これを経営管理することと原理的にはパラレルである．

　マーケティングによる効果の認識がなされれば，当該非営利組織内に公式マーケティング組織が形成され，マーケティングの本格的な実践が行われる．なお，経営学ではマーケティングは必ずしも全組織的なものとは位置づけられず，生産管理や人事管理と並ぶ一部門管理とされることが多い．つまりマーケティングは一部門の担当として部長の仕事となるわけである．これに対し，マーケティング論ではマーケティング管理は組織全体の管理とみなされ，組織のトップの仕事と目される．

　マーケティング戦略の展開はもちろん4Pの展開であり，これは非営利組織のマーケティングにおいても基本的な考え方となっている．しかしこれは現時点での捉え方であり，マーケティング論に対峙するソーシャル・マーケティング論が形成されたあかつきには，当然修正されたものとなろう．

　非営利組織が提供する製品とは，非営利組織が機能し組織維持される理由となるものである．すなわち，病院における治療，大学における教育・研究，博物館における展示，などがそれに当たると考えられる．非営利組織の製品政策は，その需要が拡大するか否かではなく，基本的な製品品質を維持し向上させることが目的となる．もちろん製品政策導入の結果として需要が拡大することは望ましいが，予めこれを目的とするわけではない．病院のケースで考えれば，患者に対する十分なインフォームドコンセント，患者が医師の説明に納得したうえでの医療行為，予約システムの整備等による患者の待ち時間の最適化，待合室をすごしやすいように整備，入院患者に対する適切な食事の供給管理など

が挙げられよう．また，製品ラインの拡張について博物館のケースで考えれば，収蔵物の展示以外にもサービスを拡大していくことが求められよう．展示はいわば基本サービスであるが，それを敷衍したキュレーターつまり学芸員による教育も重要である．館内で解説を行うだけでなく，公的施設や学校での出前授業の企画などを実施しているところも多い．また図書館との共同企画による展示等の実施や，展示物についてのキュレーターによる研究公開等も行われている．また博物館に付設する施設として土産物を扱うショップ，軽食のとれるレストランやカフェを設けることも製品ライン拡張の一環として捉え得る．

　非営利組織は利益を主目的としているわけではないため，価格政策が明確に意識されることは稀である．しかし非営利組織の顧客はかなりの負担をしていると思っていることが多い．病院での治療費や大学の授業料等が典型であろう．病院や大学が非営利組織であることに違和感を持つ人はかなり多い．負担面において営利組織と何ら変わらない，と感じていることの反映であろう．このことは，非営利組織においても営利組織同様に，負担に相当する製品が必要であることを示唆している．営利組織における製品供給の原則は価格と価値が釣り合っていることである．非営利組織においても，顧客が価格と価値の乖離を感じないような価格政策をとることが求められる．もともと非営利組織は赤字基調であることが多い．多くの非営利組織が寄付や公的・私的な助成金によって財政の維持をはかっている．このため，助成金等獲得のためのマーケティング・プログラムを設定することになる．この点については通常のマーケティングには含まれないが，恒常的な経費不足に陥りがちな病院，大学，博物館等についてはソーシャル・マーケティングの観点からマーケティング政策の基本的な変更が不可欠であるようにみえる．

　チャネル政策は通常のマーケティングと大きくは変わらない．大学のキャンパスは簡単に動かせないが，ターミナル近辺にサテライト校舎を開設することは多くの大学でみられる．埼玉大学は東京駅付近にサテライト校舎を設置し，横浜国立大学はみなとみらいのランドマーク内に経営系の大学院を設けている．また神奈川大学は，みなとみらいに既存学部を移転させている．中央大学や東海大学の社会科学系学部・研究科の都内への移転などもこの一環として捉えられよう．また，放送大学のように放送やネットを活用して授業展開をはかることも珍しくない．財政状況が厳しく縮小均衡を余儀なくされているようにみえ

る病院についても分院の設置や往診の拡充などが散見される．医療機器の技術革新によりネットを介した遠隔地医療も実用化段階に入っており，いわゆる無医村においても治療の相当部分が近い将来実施可能となろう．医師不足もあり日本では必ずしも活発とはいえない医療ツーリズムは海外の患者が訪れる新たなチャネルとなっている．多様な規制の問題もあるが，タイや韓国のように医療ツーリズムを振興することにより，海外患者の相当数がすでに利用している実績がある国もある．博物館・美術館等については既述のようにキュレーターによる出前授業など，館外教育活動が典型である．大学出版等も学会等のイベント会場での宣伝・販売を行うケースがみられる．

　広告宣伝には多額の経費がかかり，運営予算の制約が厳しい大方の非営利組織には実践が難しい．そもそも非営利組織では広告規制がなされていることもある．日本ではあからさまな規制ではなく，業界による自主規制に多くを負っている．もっとも規模の大きな病院や大学には広告政策に力を入れているところもみられる．しかしそれらは非営利組織の主潮流になっているとはいいがたい．多くの非営利組織にとっては広告宣伝ではなくパブリシティが広報政策の中心となっていると考えられる．パブリシティはマスメディアに流される，製品やサービスに関する報道であり，メディアによって第三者的に取り上げられることから非常に大きな効果を有する．広告宣伝以上の効果が得られることも稀ではない．非営利組織が企画するイベント等はマスメディアに取り上げられる機会もあり，パブリシティ重視の姿勢が営利組織にも増して重要であろう．

4.2　ソーシャル・マーケティング政策の展開

　マーケティングの社会的な影響は拡大基調にある．マーケティング概念の拡張論争を経て，非営利組織にもマーケティングが適用されることとなった．既述の通り，大学，病院，教会などあらゆる NPO にその領域は拡がってきた．マーケティングは，モノやサービスを販売することに限定されない．学生の募集，患者数の拡大，信者の獲得など広範に用いられている．今や組織の基本的行動原理となっているといってよい．マーケティング導入は基本的には組織のパフォーマンス向上のためにはかられている．いずれは，マーケティングはソーシャル・マーケティングとして，個別組織を超えた社会の編成原理となっていくことが期待される．

もともとソーシャル・マーケティングには企業の社会的責任を問う側面が大きかった．マーケティング技法の展開は企業・組織，ひいては社会の在り方にも変革をもたらす可能性がある．ソーシャル・マーケティングそのものの目標としてマクロな変革が企図されていると考えられる．アメリカ・マーケティング・アソシエーションの定義にみられるように，マーケティング概念は大きく拡張されている．もはや，個別組織の利害を超えたものとなっている．

　マーケティングの適用領域の拡大を背景として発展してきたソーシャル・マーケティングは，このような量的拡大を前提として，質的な変更が図られようとしているようにみえる．従来のマーケティングはあくまでも企業業績の向上，つまり，売上高，利益，市場シェアの増大を目標としてきた．いわゆる非営利組織へのマーケティング適用もこの延長線上に捉えることができよう．あくまで組織のパフォーマンスを上げるためにマーケティングが用いられる構図である．交換概念を背景とする伝統的なマーケティング論から考えれば当然の帰結であろう．

　ソーシャル・マーケティングをマーケティング技法の非営利組織における展開と考える限りにおいては，既存のマーケティングとソーシャル・マーケティングには本質的相違はないことになろう．実際，そのように解釈している論者は少なくない．そこでは組織のパフォーマンス向上が，目標の相違はあるにせよ，営利組織と同様に追求されていると考えるのであろう．

　営利組織，つまり企業の二重管理が問題となる．企業である以上，現場管理としてのマーケティング管理の背後に利益管理が厳として存在する．どんなに立派なマーケティング政策を遂行したとしても，利益が出なければ評価されず廃止を余儀なくされよう．もちろん長期的観点からこれが許容されることもあろうが，いずれにせよ，営利組織においては管理会計の枠を外れることはできない．採算が取れないことは継続できないのである．

　非営利組織にマーケティングが導入された場合，この二重管理体制も併せて導入されることになる．結果として赤字事業への対応が営利企業以上に問題となる．病院の赤字がよく報道されるが，典型例といってよいであろう．病院組織の維持のためには赤字が好ましくないことは自明である．しかし，病院の目的は治療であり，利益を出すことが目的ではない．治療の重要性に鑑みて，赤字部分の公的助成等が必要となるかもしれない．非営利組織における利益の追

求は一義的なものではないからである．大学の研究・教育等についても基本的に同じであろう．もちろん米国の病院のように過半が株式会社化されているような事例もある．しかし，株式会社化されたといっても本来の病院の目的がまったく転換されるということではないであろう．米国の病院の場合にも株式会社化によって大きく問題が生じたとは考えられていない．

　非営利組織の目標が売上・利益の向上を目指すこととは異なり，マーケティング活動自体が相違してくるとすれば，マーケティング論の修正とソーシャル・マーケティング論の確立に繋がるのかもしれない．ソーシャル・マーケティングは交換によらない場合もあると考えられており，市場での交換を前提とする通常のマーケティングから逸脱する部分があることは明白である．

　そうだとすれば，ソーシャル・マーケティングは個々のマーケティング活動に参加する個人についても，その行動が変容することになる．ソーシャル・マーケティングの導入が，社会そして個人のエートスつまり行動様式を変えていくことになるかもしれない．従来の研究では社会変革が個人の行動変容を促す方向が検討されてきたが，個人の行動変容から社会変革を促す方向についても検討される必要があろう．公共政策，法規制，政府規制などの在り方が問われることになる．

　マーケティング概念拡張論争の中でも重要な地位を占めている主張はマーケティング論のディシプリンとしての自立性であった．科学哲学を援用し，多年にわたる「マーケティングは科学か」をめぐる論争に一定の回答を与えたものといえる．

　「マーケティング科学」が措定できたかどうかはさておき，マーケティング概念拡張により，ソーシャル・マーケティング成立に根拠が与えられたといえよう．営利組織におけるマーケティング活動に限定されてきた従来のマーケティングに対し，非営利組織のそれに拡張されたマーケティングはソーシャル・マーケティングとして，単なる領域の量的拡大だけでなく，質的な拡大を内包するものとなった．

　定着化したようにもみえるソーシャル・マーケティングではあるが，従来のマーケティングとの関係についての検討はいまだ十分とはいえない．70年代に強調された非営利組織へのマーケティング技法の適用という段階に留まる限りにおいては，従来のマーケティングの範疇にあり，ソーシャル・マーケティン

グとして新たな領域を示したことにはならないであろう．従来のマーケティングおよびマーケティング論とソーシャル・マーケティングおよびソーシャル・マーケティング論の関係が問われることが求められよう．

　ソーシャル・マーケティングの再検討が始まっているといっても，市場経済の枠を離れ，個人や社会の変容をもたらすような新たなフレームワークが提示されているわけではない．

　新たなソーシャル・マーケティングのパラダイム形成はその緒に就いたばかりといえよう．ソーシャル・マーケティング政策を展開する主体だけでなく，市場経済を超えた多様なステークホルダーについての重層的な検討が必要であろう．もとより，多様な政府規制を通じた，公的，社会的な関与が大きな意味をもつことはいうまでもない．

4.3　新たなソーシャル・マーケティング論の展開

　上述したように，マーケティング概念の再検討による概念拡張は，非営利組織へのマーケティング技法の適用によってもたらされた．ここでいう非営利組織には公共組織も含まれている．非営利組織および公共組織さらには非市場活動を含む社会活動が対象となる．ここに大きな論点がある．マーケティングは営利組織つまり企業活動を意味しており，市場での交換をその前提としている．字義通り市場活動が含意された概念である．しかし公共組織を含む非営利組織による社会活動には，市場活動に委ねられる部分はもちろんあるが，これを逸脱する部分も大きい．市場を通さない様々な社会的活動がある以上，従来のマーケティングとは質的に相違することとなる．

　アメリカ・マーケティング協会の定義でも明らかであるが，現時点でのマーケティングは市場を通さない様々な社会的活動に拡がっているし，マーケティング技法はかならずしも市場活動に限定されないあらゆる社会活動において適用されている．伝統的なマーケティングの立場をとる論者は，マーケティングの対象はあくまで市場取引である経済的交換に絞るべきであるとし，質的な相違を認めない，との立場をとった．

　ソーシャル・マーケティング肯定論者は，市場取引から交換一般へとマーケティングの対象の拡張を主張した．もちろんこれは単なる量的な拡張に留まらず，質的なそれを含意している．市場取引における購買と販売から交換一般へ

176

の対象拡張によって伝統的なマーケティング擁護の論者等と対立することとなったのである．そもそも私的利益の追求は市場取引を経由することによって正当化されるものである．市場において価格と生産量が決定され，ひいては資源の最適配分をもたらすものとされる．市場取引を媒介することによってマーケティング自体の経済的合理性が担保されることになり，ここから外れることは，マーケティング・パラダイムの崩壊を意味しよう．対立が生じたことは当然である．

　ソーシャル・マーケティングにはもうひとつの重要な側面がある．マーケティング活動の社会的責任を問うものである．マーケティング論においてはマーケティングを全社的活動と捉えるため，マーケティングの社会的責任はとりもなおさず企業の社会的責任を意味することになる．営利組織であっても，社会的利益を考慮したマーケティング活動を行わなければならない，とするものである．

　これには有力な反論がある．営利組織である企業は利益を追求し，十二分に利益を上げ，ここから十分な法人税を納めることによってその社会的責任を果たすというものである．社会的な施策は政治家や役人がその権限をもって行うことであり，営利組織が直接担当することは不適当であるとする．

　しかし，マーケティングが巨大化する中でその社会的性格は強くなっている．たとえば環境問題ひとつをとってみてもこれに対する考慮は利益追求に優先するものと考えられよう．営利組織は公害除去もしくは軽減といった社会的責任を果たすことを前提としてあくまでその後に利益を確保することが正当化されよう．社会性の充足が一義的に捉えられることが利益追求に優先するという考え方となる．

　このようなマーケティングの社会的責任論は，非営利組織のマーケティングと並んでソーシャル・マーケティングを構成するものとなっている．マーケティングの社会的責任論は営利組織を対象としており，伝統的なマーケティングと重なっている．しかし，伝統的マーケティングにおいては全体管理としての利益管理が部門管理たるマーケティング管理を制約している．この制約の是正がソーシャル・マーケティングにおいては求められている．もとより，利益管理を二義的なものとすることは現実の経営の観点からは困難を極めるであろうし，すでに述べたように営利組織は納入する税の増大をはかることが社会的責

任を果たすことになるという反論にも応えていく必要があろう.

　営利組織の社会貢献そのものはコストとして組織の負担となる. 短期的には利益の阻害要因となり, 財務諸表の数値を悪化させ, IRのうえでは悪影響をおよぼしかねない. 脱硫装置を備えた製鉄所は大気浄化に貢献し得るが, 脱硫装置のコストは財務諸表の数値を悪化させる. この場合, 社会貢献したコストが管理会計の観点からはマイナスとしてカウントされることが問題となる.

　それでも企業がソーシャル・マーケティングに沿った意思決定をする根拠はみいだせるのであろうか. 企業が社会貢献を行うことは短期的には業績を悪化させる. 中国企業が石炭を大量に消費しつつも脱硫装置をなかなか導入できない理由はここにあろう. 日本等でも過去に同様の推移がみられる. しかし, 短期的利益に繋がらなくても, 長期的には社会貢献企業として企業評価が上がり, 業績に寄与することが想定できる. 利益を四半期といった短期的なもので計測せず, 長期的な観点から把握することができれば, 従来のマネジメントの枠組みの中でもソーシャル・マーケティングを位置づけられる可能性がある.

　ソーシャル・マーケティングの概念拡張がなされている観があるが, この結果, 従来の営利組織, 非営利組織の区分自体にも再検討の必要があろう. 「利益」の内包が変容すれば, このような区分が有効性を持ちえないかもしれない. 非営利組織へのマーケティング技法の適用・企業の社会的責任という従来のソーシャル・マーケティングのパラダイムは修正されていくと考えられる.

4.4　ソーシャル・マーケティング政策の適用可能性

　私的利益と社会的利益は必ずしも一致しないが, ソーシャル・マーケティングは社会的利益を優先しつつ双方を追求することになる. 非営利組織に適用されるマーケティング技法はもともと私的利益を追求するために開発されたものであった. マーケティング技法それ自体には社会的利益を志向する要素は乏しい. しかし, マーケティング技法それ自体の社会性にはかかわりなく, これをソーシャル・マーケティングに適用する試みが試行されてきた. ソーシャル・マーケティングの枠組みの中で従来のマーケティング・マネジメントもしくはマネジリアル・マーケティングを再編する試みともいえよう.

　マーケティングの4Pの考え方がソーシャル・マーケティングでどのように適用あるいは応用されるのか, が問われてきた. ソーシャル・マーケティング

の自律性の観点やマーケティング技法固有の歴史性等の論点は多々ある。これらの存在にもかかわらず、マーケティング技法はソーシャル・マーケティングに応用されてきた。

社会的問題の解決のために利益管理を超えた取り組みはすでに多様なかたちで始まっている。チャネル構築は4Pの一環であり、マーケティングの基本である。特にその物流の側面では、俗に「乾いたタオルをまだ絞る」といわれるように徹底したコスト削減の対象とされてきた。「マイナスをマイナスする」といわれるが、コストを絞ることにより利益に貢献させようとしてきた。利益管理を前提とする限り、妥当な考え方であったといえよう。しかし、利益以外の目標を設定し、これを充足しようとすることが試行されている。その一例として、「人権への配慮」を行うチャネル構築が挙げられる。原材料の仕入れ先から販売委託先に至るまで人権に配慮することを一義的に設定するというものである。人権にかかわることは一般的な組織には手に余ることが多い。現地の状況も含め、実態把握だけでも困難なことが多い。そこで当該問題を専門とする外部のNPO・NGOの協力を得て取り組むことになる。

そもそも人権に配慮した組織行動は国連から指針が出ており、日本政府もこれに沿った行動計画作成を始めている。グローバル・マーケティングを推進する多国籍企業に対する人権配慮の要請はますます強いものとなってきている。近年国連やOECDは、チャネル特にサプライチェーンに社会的な要素、すなわち人権に配慮することや環境保全を考慮することを求めている。これを自社内だけでなく取引先も含めた対策が要求されてきた。

このような取り組みは上述したように、個別組織のリサーチのみでは充足され得ない。専門家の支援が必要である。前提となるチャネル・メンバーすべてがしたがうべき方針が策定される。これにしたがっているかどうかをチェックする精査がチャネルの各段階で実施される。人権の遵守状況は地域によって大きく異なるため、配慮が特に必要な国・地域を選び出してこれを行う。人権問題や環境問題に詳しいNPO・NGOの専門家を加えて、当該地域の工場等の取引先を詳細に調査することになる。

当該地域の経済団体やNPO・NGOにもヒアリング等を行い、労働環境および条件について調査することも重要である。NPO・NGOの中には労働者の生活相談をスマートフォン、PC等を通じて収集するシステムを構築していると

ころもある．労働者の状況について取引先企業にヒアリングをかける等の調査には限界がある．事情に精通したNPO・NGOから情報を売ることはもちろん，労働者からメール等で直接に苦情等を拾い上げる努力が欠かせない．

　チャネルあるいはサプライチェーンのチェックを高度化するためには，専門化したNPO・NGOの知みを活用することがポイントとなる．特定取引についてチャネル・メンバーを追跡できるシステムを有するNPOもある．このようなトラッキング・システムを活用することにより，チェックの高度化をはかることが可能となる．

　現場の外国人労働者に対するインタビュー等も欠かせない．労働環境が適切であるかどうかは現場からの視点から判断する必要があるためである．利益管理からみれば余計なコストの発生にみえる．しかし，このような対応は企業にとっていまや喫緊の課題となっている．国連がリードするSDGsに沿った活動が必須となっているためである．SDGsとは「持続可能な開発目標」のことであり，ここに人権問題や環境問題が含まれてくる．欧米においてはSDGsが常識の範疇に入っているといってよい．日本でも味の素等，このガイドラインにしたがった取組が始められている．

　消費者による監視も強化されてきている．SDGsに抵触するような事態が生ずれば，たちまちSNS等により拡散される．その結果としての企業イメージの低下は企業業績を直撃することとなろう．直接コストの低下をはかろうとして，間接コストを巨大化させることにもなりかねない．短期利益ではなく，長期利益を獲得しようとすれば，従来の利益管理体制は修正を余儀なくされる．

　ただ，短期利益および長期利益の観点で捉えるならば，これはあくまで従来の利益管理の修正に留まるといえるかもしれない．測定の範囲が短期であるか長期であるかの違いはあるにせよ，利益の極大化を図るという利益管理の基本から外れていないからである．その意味では従来の利益管理の延長線上にあるといえる．

　マーケティング技法がソーシャル・キャンペーンに適用されることで一定の成果を上げてきたとされる事例もあるプロモーションが用いられること自体は必ずしもマーケティングの適用とは言い難いという見解もあるが，有力な反論もある．よく指摘されるのは，反タバコキャンペーンの事例である．特に欧米において喫煙規制および禁煙への志向には強いものがあるが，そこで用いられ

たメッセージが有効であることが確認され，マーケティング・プロモーションが機能したようにみえる．イスラエルの節水キャンペーンがもたらした効果については調査が行われている．4Pすべてではなくプロモーションに特化したかたちではあるが，マーケティング技法が適用されることによる一定の成果が確認されている．

　マーケティング技法を全面的に適用したものとしてカナダでの禁煙活動が挙げられる．プロモーションのみで終わることなく，政府の施策としてマーケティングが展開されている．禁煙キャンペーンに加えて，製品政策の一環としてデザインの制約，課税増額による価格の変更，タバコ販売箇所を絞るというチャネル政策，等が包括的に実施されている．ここでのマーケティング技法の適用は，通常のマーケティングにおけるマーケティング・ミックスの適用である．これが社会的目標を達成するためのソーシャル・マーケティング政策として想定されている．

5．マクロ・マーケティング政策

5.1　マーケティングとその環境要因

　いわゆる中核的マーケティング・システムは，多様な社会的構成要素から影響を受ける．地域におけるマーケティング政策においても同様である．市場は人から構成されているので，人口動態的環境の把握は前提ともいえるものである．地域の人口減少が問題となっているように人口の増減は決定的要素といえる．人口増加については問題がないようにみえるが，対処するためには投入資源を増やす必要が生じる．経営資源がますます相対的に希少化している現況下においては難しい．少子高齢化による年齢構成の変化も市場構成を大きく変動させる．若年層と高齢層では購買の質，量ともに大きく異なるためである．外国人の増加による民族別対応も大きな課題となる．ヨーロッパでは移民との文化的摩擦が問題となって久しいが，日本においても今後同様の事象が起こる可能性は大きい．民族別のマーケティング政策の展開が求められる．とくに地方創生にあたっての決定的要因であるが，人口の地理的分布もマーケティング政策実施のうえで制約となる要因である．限界集落のように地域の維持が困難になっているところも少なくない．23区の中でも豊島区のように消滅可能性が指

摘されているところもある．人口分布の状況が動態的に捉えられることによって，当該地域における適切なマーケティング政策を絞り込むことになる．

　経済的環境で筆頭に来るものは景気である．景気は循環するものとされるが，その原因について決定的なことはわかっていない．好況・不況の波については避けがたいので，当該時点でこれを判別することになる．ヨーロッパや日本ではマイナス成長も珍しくないが，経済成長の状況次第で，製品化のタイミングも異なってこよう．所得分布は特に小売業の立地に欠かせない指標である．高所得のほうが良いとは限らず，「しまむら」のように商圏内が一定の所得水準以下であることが立地条件となることもある．

　政治的・法的環境はマーケティング政策の前提となるものである．規制政策はここに含まれる．当該政権の性格によっては，特区の設定等の政策的対応がはかられることもある．政治的安定性がなければ投資等のリスクが過大になり，マーケティング政策そのものが実施できなくなる可能性もある．規制は規制法など法的根拠があるものと，行政指導などによるものに大きく分けられる．

　R＆D（企業内の研究開発）などにより，新たに自社開発を行う場合は別として，一般的には現在の技術的環境の水準のなかで製品政策が実施される．この限界を超えようとする新技術の開発はあり得るが，巨額の投資が必要となる．新技術についてはその受容と抵抗が必ず生じる．このようなコンフリクトやリスクをふまえた研究開発体制の構築がなされる．

　自然環境との関わりは非常に現代的な問題といえよう．市場の地理的・物理的環境はマーケティング政策そのものに関わることになる．企業がその外部効果の発現としての公害問題は，かつて国内で大きな問題となった．現時点では，規制の緩い途上国での工場操業に伴う環境汚染が問題となっている．また，地球温暖化に代表される地球環境問題については，国や地方の取り組みだけでなく，マーケティング政策そのものにも対応が求められていることはいうまでもない．

　グローバル・マーケティングの展開により，社会的・文化的環境との軋轢が目立つようになった．社会の文化的価値観は国，地域によって相違するため，きめ細かいマーケティングの実施が望ましいが，それはコスト増加を意味する．むしろできるだけ単一市場とみなしてコストを引き下げる方向が追求されよう．そうだとしても，対象地域の慣習やサブカルチャーなどに対しては配慮が必要

である.

　資本主義市場経済である限り，市場の同質化が追求される．異質性を克服ないし排除するほうが，コストを削減することに繋がるからである．しかし，この結果として文化の同質化が生じるようであれば問題であろう．マクドナルドやコカ・コーラ等がその消費によって消費文化の定型化ないし強制が生じているかもしれない．このように企業のマーケティング活動が，マクロ環境ないし社会全体に大きな影響をおよぼしている可能性がある．マクドナルドのような単一の企業のマーケティング活動によって生じる場合も，多くの企業のマーケティング活動の複合的な結果として広範な影響が生じる場合もあろう．一般のマーケティング論すなわちマーケティング管理論はミクロ・マーケティング論であり，あくまでも個別企業のマーケティングが対象となる．これに対して，個別企業ないし複数企業のマーケティングと地域，国といった単位の社会全体との関係を論じるマーケティング論が想定される．マーケティング論の淵源のひとつとされる米国中西部の農産物マーケティングにその片鱗がみられるが，これはマクロ・マーケティング論であるといえよう．

　マーケティング論とマクロ・マーケティング論とでは，集計水準が異なる．マーケティング論が，個々のマーケターの活動，あるいは個別企業を分析の対象としている．これに対して，マクロ・マーケティング論では，多くのマーケターの活動の集合もしくは，ある地域，国単位で集計したものを対象とする．つまり，一般のマーケティング論つまりマーケティング管理論，ミクロ・マーケティング論では，あくまでも個々のマーケターの個別的なマーケティング活動を対象とするため，分析対象としての集計水準が低いということになる．マクロ・マーケティング論では，ある国全体，世界全体，地球全体という集計水準で考え，またある国の内部での特定の産業や地域といった部分集合を考える．

　マクロ・マーケティングでは，個々のマーケターの得失ではなく，社会全体のマーケティングの在り方を考えることになる．マーケティング論すなわちミクロ・マーケティング論では，個々のマーケターの市場への取り組みを対象として，個々のマーケターが自社の製品が市場で成功するためには，マーケティング政策をどのようなものにするかというものとなる．マクロ・マーケティング論は，それが地域であれ国であれ，特定の社会全体を対象として，個別企業を超えて社会の在り方を考えるという視点に基づいている．ここでは，マーケ

ティングの外部性，つまり個別企業のマーケティングの市場を超えて社会に対して与える影響およびその帰結，が問われる．個別企業のマーケティング活動は，当然その環境である社会，つまり世界，地球，国，地域，産業などに関与する．この外部性は，そもそも経済学に由来している．企業のような経済主体が，市場での取引を通さない，したがって取引から直接効果を生じないで，他の経済主体に公害等の様々な影響を与えることを意味する．個々のマーケティング活動とは，顧客との取引成就を意味し市場内ではこれで完結するが，この取引が市場外となる社会に対して多様な影響をおよぼすことがある．マクロ・マーケティングはこのような市場を超えた取引の影響力と結果について考えるものである．

5.2　マクロ・マーケティング政策と環境問題

マーケティング活動がマクロ環境に対して重大な影響をおよぼしている，という主張がある．環境に対する悪影響については，企業活動のあらゆる側面が関与しており，マーケティングに限った問題ではないが，マーケティング側面からの検討は欠かせないであろう．

オゾン層に穴を開けるような物質を使用した製品の販売などはその典型といえよう．もとより，製品開発段階から問題は生じているといえるが，製品化された段階であっても，当該製品をチャネル（当該企業の流通経路）に載せることについて再検討されるべきである．

子供たちを広告漬けにすることによってお菓子やゲーム類を販売する，というようなことも問題とされるべきかもしれない．製品の販売を追求することは当然のことであるが，この場合あくまでも「子供たちの健全な成長」が大前提であり，これを阻害するようなことはチェックされなければならない．

さらに，過去米国で大きく批判された計画的陳腐化の問題もある．まだ使用に耐える製品の廃棄を促し，新製品の購買を強いるというものである．車のモデルチェンジやOSの更新など枚挙に暇はない．電球の寿命の短縮についてカルテルが結ばれた過去もある．やや質的に異なるが，クレジットや消費者金融の利用も問題である．債務が過重となり，自己破産に至る事例も少なくない．特に金銭の貸借については消費者教育が必要であるが，日本ではほとんど実施されていない．業者側の考慮，判断に委ねられているのが現状であり，融資拡

大に走る弊の統制が求められる.

マーケティング活動がマクロ環境に対して重大な影響をおよぼしていないかどうかは常に検討されることになる. 地方創生に関連して観光開発が多くの地域で試みられているが, この外部効果の発現については等閑視されがちである. オゾン層に穴を開けるような物質を使用するような製品政策が好ましくないのは明らかであるが, 一般的な開発行為である, レジャー施設, テーマパーク, ゴルフ場等の設営により, 環境破壊が生じる可能性があることについては, 単に法令を遵守する水準に留まらず, 地域住民の合意がとれる内容を模索していくことが望ましい. 千葉のゴルフ場の鉄塔倒壊のように設置後も問題は生じている. もとよりすべてが予め可能というわけではないが, 開発にあたっては可能な限りの予測のもとに対策を講じることが望ましい.

意図せずして深刻な被害をもたらす可能性があるのは, 文化的なものである. コカ・コーラやケンタッキーフライドチキンの進出は単なる飲食機会の提供に留まらず, 現地の消費文化そのものを破壊し, 転換してしまう危険を秘めている. 招かれざる標準化がもたらされているかもしれない.

企業のマーケティング活動は, その巨大化に伴い, 必然的に環境ないし社会に対して巨大な影響を与えているといってよい. マクドナルドのようにひとつの企業のマーケティング活動によって生じる場合も, 複数の企業のマーケティング活動の総合的な結果として生じる場合もある

一般のマーケティング論, つまり大学で学科目として開講されているものは概ねマーケティング管理論であり, これはミクロ・マーケティング論ということになる. マーケティングと社会との関係を論じるためには, いわゆる「マーケティング論」とは別のタイプのマーケティング論としてマクロ・マーケティング論が位置づけられよう.

マクロ・マーケティング政策では, 個別企業の個々のマーケターの思惑を超えて, 業界全体, 地域全体, 社会全体のマーケティングを考える. これに対していわゆるマーケティング論つまりミクロ・マーケティング論ではいうまでもなく, 個別企業のマーケティングを考える. したがって, 個々のマーケターの対市場活動を集計水準基準として, 個々のマーケターが自らの市場活動を成功裏に行うための方策を模索するという観点という基準からなると考えられる. これに対してマクロ・マーケティング論では, 特定産業, 地域, 社会, 地球全

体を集計水準基準とする．また，社会の規範を想定したいわばあるべき姿を考えるという基準から考察される．

すでに述べたように，マーケティングからの社会に対する影響が考えられる．負の側面でいえば環境破壊等社会にマイナスの効果を与えるようなことである．一般にマーケティングの外部性といわれるが，マーケティングが本来意図していない効果について正負を問わず生じさせるものである．これに対して社会からマーケティングに対して影響をもたらすことが考えられる．シャーマン反トラスト法は19世紀末に世界に先駆けて米国で施行されたものであるが，これは行きすぎた当時の米国独占企業のマーケティングを規制するために法制化されたといってよい．まさしく社会からのマーケティングにたいする制裁となっている．個々の企業のマーケティングを超えた集計水準の高いマーケティング・システムを想定することにより，このような法規制がもたらされた．

個々の企業のマーケティング活動は基本的に対象顧客との取引を成就することによって利益を得，完結する．この取引成就が企業と顧客の関係を超えて社会に対して多様な影響をおよぼすと考えられる．マクロ・マーケティングはそのような市場取引の市場を超えた影響力と帰結について考えていくものである．

上記のような個別企業のマーケティングによる社会に対する作用は，当然社会からのマーケティングに対する反作用をもたらす．すでに述べたように法規制が行われるような社会からマーケティング活動に対する多様な反作用がみられる．社会がもっている多様な価値規範から外れるように判断できることについては規制が行われやすい．経済学の教科書が仮定するような自由競争はないにせよ，市場で競争することが市場社会での規範となっている．この規範から外れた行為，19世紀末の米国独占企業のマーケティング施策のようなもの，に対しては独占禁止法のかたちで反作用がもたらされるのである．

多様な領域にシステム論が導入されてきているが，マーケティングについても例外ではない．システムとは相互に関連する要素の集合である．授業は教員と学生からなるシステムである．教員がいなければ学生の自習となり，学生がいなければ教員は授業を実施することはできない．授業には教員と学生の双方が必要であり，どちらを欠いても成立しない．このように構成要素，この場合は教員と学生，が相互に依存している状態がシステムとなる．

授業は単純な例であるが，通常のシステムはより複雑な様相を呈している．

マーケティング・システムも多様なレベルをその内に含んでおり，多層的構造を有している．まず中核的マーケティング・システムであるが，これは個別のマーケターとその市場環境という要素の集合と考えられるものである．個別のマーケターがマーケティング政策を実施するにあたって想定されるシステムである．これはいわゆるマーケティング・システムであり，ミクロ・マーケティングを反映している．これに対してマクロ・マーケティングを反映するものがマクロマーケティングシステムである．半導体産業のマーケティングといった特定産業，合衆国のマーケティング・システム，のようなものとなる．

　もちろんマクロ・マーケティング論は必ずしもディシプリンつまり厳格な学問領域を形成しているわけではない．通常のマーケティング論，マーケティング管理論ないしミクロ・マーケティング論が前提となっている．やはり4Pの議論が前提となっている．ミクロ・マーケティング論の応用領域としてマクロ・マーケティング論を捉えることができる．

　ミクロ的要素とマクロ的要素が混在しているマーケティング領域も多い．デザイン・マーケティングやグリーン・マーケティングという領域設定においては，その傾向が確認できる．

　特にQOLマーケティングなどでは，ミクロ・マーケティング論がマクロ・マーケティング論の前提であることが明確に論じられている．マーケティングの4Pがマクロ・マーケティング政策においてもその議論の前提となるのである．

　地方創生について，以上をふまえたマーケティング政策の確立が望まれる．

参考文献

池尾恭一・青木幸弘・南知惠子・井上哲浩（2010）『マーケティング （New Liberal Arts Selection)』有斐閣.

石井淳蔵・嶋口充輝・栗木契・余田拓郎（2013）『ゼミナール マーケティング入門 第2版』日本経済新聞出版社.

イマニュエル・ウォーラーステイン，川北稔訳（1981）『近代世界システム：農業資本主義と「ヨーロッパ世界経済」の成立』岩波書店.

フィリップ・コトラー，井関利明ほか訳（1991）『非営利組織のマーケティング戦略――自治体・大学・病院・公共機関のための新しい変化対応パラダイム』第一法規出版.

和田充夫・恩蔵直人・三浦俊彦（2016）『マーケティング戦略 第5版(有斐閣アルマ)』有斐閣.

あとがき

　現代社会では，あらゆる分野で，IT革命を通じた情報化とグローバル化が進展している．また，先進各国を中心に，人口構成の面で少子高齢化が急速に進んでいる．人口が減少する社会の中で，人々がその生活水準を維持し向上させて行こうとすれば，将来に向けて従来とは大幅に異なった発想が必要になってくるであろう．我が国では，とりわけ1980年代以降，経済成長率の停滞を打開し，また，国と地方の関係を見直す中で，従来からある各種の規制を改革したり，地方分権化を推進したりする必要性が認識されてきた．

　本書は，真の意味での地方振興とは何か，そのためには従来の各種規制をどのように改革すれば地域の発展を促し，人々の生活における満足度を維持・向上できるのかという観点から，それぞれの筆者が，各自の専門分野から，規制改革の将来のあり方について考察を展開したものである．岸　真清先生は，地方振興のための新たな金融改革の方向性を提示し，浅野清彦先生は，地方創生のためのマーケティング政策を論じ，立原　繁先生は，郵政事業の再生をユニバーサル・サービスとの関連で整理しており，私は，行財政における規制改革と地域振興の関連そして今後のあり方について論じた．

　私たち４人は，これまで20年以上にわたって私的な研究会を立ち上げ，年に数回ずつ集まってそれぞれの研究を紹介し合ってきた．その間に，５冊の共著を出すことができた．今回も含めて出版の企画や編集者との交渉については，取り分け浅野先生と立原先生にお世話になっており，岸先生ともども感謝している．また，今回の出版に際しては，原稿が遅れがちの中で編集の労に当たられた稲英史氏に深く感謝する．

2020年２月

島　和俊

索引

著者紹介

岸　真清（きし ますみ）　　中央大学名誉教授

島　和俊（しま かずとし）　　東海大学名誉教授

浅野清彦（あさの きよひこ）　東海大学政治経済学部教授

立原　繁（たちはら しげる）　東海大学観光学部教授

規制改革の未来：地方創生の経済政策

2020年3月30日　第1版第1刷発行

著　者　岸　真清・島　和俊・浅野清彦・立原　繁
発行者　浅野清彦
発行所　東海大学出版部
　　　　〒259-1292 神奈川県平塚市北金目4-1-1
　　　　TEL 0463-58-7811　FAX 0463-58-7833
　　　　URL http://www.press.tokai.ac.jp/
　　　　振替　00100-5-46614
印刷所　港北出版印刷株式会社
製本所　誠製本株式会社

© Kishi Masumi, Shima Kazutoshi, Asano Kiyohiko and Tachihara Shigeru, 2020
ISBN978-4-486-02192-6

・ JCOPY ＜出版者著作権管理機構 委託出版物＞
本書（誌）の無断複製は著作権法上での例外を除き禁じられています．複製される場合は，
そのつど事前に，出版者著作権管理機構（電話03-5244-5088，FAX 03-5244-5089，e-mail:
info@jcopy.or.jp）の許諾を得てください．